KB260938

나는 누구인가
民族의 起源과 根本을 밝힌

大東方國의 挫折

蔡 璉 錫 著

차　례

著者의 말 /10

箕子朝鮮의 起源과 三韓 推考 …………………… 21

箕子 …………………………………………… 65

高句麗 百濟 新羅의 母體 ………………………… 96

高句麗 ………………………………………… 103

百濟 …………………………………………… 119

百濟 慰禮城의 悲劇 ……………………………… 159

新羅 …………………………………………… 168

大東方國의 挫折 ………………………………… 176

再生産 經濟의 創出만이 살 길이다 ……………… 180

劣化우라늄彈의 正體가 무엇인가 ………………… 186

별들의 本質이 무엇일까요 ……………………… 206

南道紀行 ………………………………………… 247

著者의 말

生疎한 말로 들리겠지만 우리는 根據가 分明한 大東方 民族이다.

〈大東方國의 挫折〉은 大東方 民族인 우리의 根本이 무엇이고 어떤 經路를 通해서 언제부터 起源되어 지금에 이르렀으며, 虛脫한 挫折을 맛본 그 由來를 밝힌 글이다.

大東方 民族의 構成體인 北方大陸의 高句麗와 南쪽의 百濟 新羅가 自己들의 根本을 알고 孟子의 '好戰者 必亡'이라는 敎訓을 새겨 듣는 바 되어 조금만 智慧를 發揮했었던들 그토록 싸움을 즐겨 하는 愚를 犯하고 亡하지는 않았을 것이다.

따라서 南쪽의 半島에서 北쪽인 滿洲大陸과 東部 시베리아에 걸친 大東方 民族에 依한 大東方國의 經營과 基礎가 그토록 虛無하게 무너지고 挫折되는 悲運을 맞이하지 않았었을지도 모를 일이다.

우리 民族은 東方에 사는 東方民族이지만 어떤 種族의 人脈에 依해서 어떤 經路를 通하여 定着하고 언제부터 起源되었는지 民族의 根本과 由來를 알지 못하고 있다.

或者는 北方民族이 南下해서 構成되고 起源시켰을 것이라 主張하는 경우도 있는 것으로 보이지만 그건 터무니 없는 見解로 根據가 稀薄해서 事實이 아닌 것으로 보인다.

어찌 그러느냐 하면 原始生活을 하던 古代에 다른 動物과는 달리 體毛의 毛皮로 스스로를 保護할 能力을 保有하고 있지 못한 알몸인 人間은 추운 地方에서 生活하고 살 수 없었기 때문이다. 알몸인 人間은 北方인 酷寒地帶에서는 生活할 수 없었던 것이다. 體毛의 毛皮로 스스로를 保護할 수 없었던 人間이 추운 北方地帶에서 살게 된 일은 사람이 몸을 감쌀 줄 알고 추위로부터 自身을 保護할 수 있는 能力이 생기면서부터 始作된 일로 그리 오래 된 일이 아닌 것이다.

실제로 北方의 滿洲大陸과 東部 시베리아에 걸친 그곳 一帶에서는 高句麗 民族이 起源되기 以前에는 民族이 없었으며 사람이 살고 있지 않았다.

지금으로부터 三千年 前까지는 우리나라에서 北方인 滿洲大陸과 東部 시베리아에 걸친 東方大陸에는 사람이 살고 있지 않았다. 여러가지 情況과 歷史的 事實에서 그렇게 考證되고 確認되는 것이다.

그렇다면 東方에서 어느때부터 사람이 살게 된 일이었을까?

歷史的인 事物과 物證에 根據한다면 正確히 지금으로부터 2900
年 前부터인 것으로 考證되는 것이다.

　2900年 前의 古代이지만 中原에 있었던 殷나라가 周나라의 武
王에게 滅亡 當하면서 殷나라의 王族이었으며 學者이었던 箕子
가 東方으로 처음 移動해 오면서부터 사람이 살게 되었으며 東方
의 歷史가 始作된 것이다.

　箕子가 지금의 平壤 近處에 定着하고 箕子朝鮮을 建國하여 都
邑하면서 東方에 비로소 사람이 살게 되고 黎明의 불빛이 밝혀지

게 된 것이다.

　箕子朝鮮은 그 後 500餘年동안을 無事하게 維持하면서 存續되
었다. 여기에서 소홀히 보아 넘겨서는 안될 重要한 일은 이 동안
箕子朝鮮의 人脈이 鴨綠江을 越境하고 北進해서 北方大陸을 開
拓했으며 보금자리를 틀고 많은 部族社會를 形成시켰다는 事實
이다.

　南쪽인 箕子朝鮮의 領域에서 北方으로 사람이 進出한 것이다.
　그러니까 中原의 殷나라 地域에서 東方으로 移動해온 箕子朝
鮮의 人脈이 처음으로 東方大陸을 開拓하고 定着한 民族인 것이
다.

　箕子朝鮮의 領域에서 北方으로 進出해서 部族社會를 形成하

고 人口가 急速度로 불어난 人脈이 箕子로부터 900年쯤 後에 드넓은 北方大陸에서 高句麗를 建國하고 誕生하게 된다.

北方大陸의 主人이고 原住民은 그 곳을 처음으로 開拓하고 定着한 高句麗人인 것이다.

箕子朝鮮의 人脈이 北方大陸으로 進出해서 高句麗를 建國하고 誕生시킨 根據가 무엇일까? 그것은 中原의 殷나라 地域으로부터 箕子와 箕子의 人脈이 함께 갖고 온 文字인 漢字와 漢字言語를 그들 高句麗人이 그대로 使用하고 있었으며 驅使하고 있었기 때문이다. 이런 事實은 高句麗人이 箕子朝鮮의 人脈과 同一系譜인 明白한 證據가 아닐 수 없는 것이다.

箕子로부터 500餘年의 歲月이 흘러간 後이고 지금으로부터는 約 2350年 前後의 戰國時代에 해당되지만 지금의 中國 北京地域에 燕이라는 나라가 있었다.

그 燕나라의 衛滿이라는 爲人이 謀反을 꾀하다가 發覺이 되자 도망나와서 箕子朝鮮의 王儉城을 奪取하고 占據해서 衛滿朝鮮이라 稱하며 約 150年동안 君臨하게 된다.

燕나라의 衛滿한테 箕子朝鮮의 王儉城을 奪取當한 마지막 城主였던 箕準은 西海로 脫出했으며 배를 타고 南下해서 지금의 益山 金馬와 完州의 三禮땅에 上陸하여 定着하고 馬韓을 建國하기에 이르렀다.

箕準이 上陸한 이때까지만 해도 馬韓의 그 地域도 역시 사람이
살고 있지 않았다. 前人未踏의 新天地였던 곳으로 보이지만 馬韓
은 建國하고 나서 百濟로 바뀌기까지 約 300年동안을 無事하게
維持하고 存續한 것이다.

箕準이 脫出해서 馬韓을 建國한 約 100年後에 中原에서는 萬
里長城을 築造한 秦나라의 秦始皇에 依한 難이 일어났다. 이때는
옛 殷나라 地域이 韓나라로 바뀐 後였으며 韓나라 사람들이 難을
避하여 자꾸만 馬韓땅을 찾아 몰려들게 된 것이다.

大擧 몰려오는 이들 人口를 주체할 수 없어 東쪽의 비어있는
땅으로 보내서 살게 했는데 이들이 세운 나라가 新羅의 前身인
辰韓의 部族社會이다.

그 後 馬韓과 辰韓사이의 三角地帶에 弁韓이 誕生된 것이다.
이때는 모두가 協同 構成體인 部族社會의 性格을 띠고 있었지만
이 三國時代를 三韓時代라 부르고 있다.

지금으로부터 2100餘年 前에 그 前날 箕子朝鮮의 領域이었던
衛滿朝鮮이 中原天下를 統一한 漢나라의 武帝때에 討滅되어 그
領域은 樂浪 等 四郡이 設置되어 그로부터 三百餘年동안 漢나라
의 統制下에 있게 되었다.

中原天下를 統一하고 約 400年동안 存續한 漢나라가 衰亡하자 箕子朝鮮의 領域을 原住民이었던 高句麗가 一擧에 밀고 내려와서 接受하고 高句麗는 名實共히 强大한 大陸國으로 君臨하게 되는 것이다.

지금으로부터 約 二千年 前에 馬韓땅에서는 百濟가 起源되었다. 또 辰韓땅에서는 新羅가 誕生된 것이다. 바야흐로 大東方에 高句麗 百濟 新羅의 三國時代가 열릴 母體들이 잉태되어 가고 있었던 것이다. 部族社會에서 君主時代로 轉換되는 時期라 말할 수 있을 것이다.

이들 三國이 비슷한 時期에 誕生해서 起源되었지만 2900年 前은 殷나라의 箕子로부터 시작하여 그 後 韓나라로 바뀐 中原地域에서 東方으로 進出한 이들이 東方大陸을 開拓한 大東方 民族인 것이다. 그러니까 大東方 民族의 根本은 殷나라와 그 後 韓나라로 바뀐 中原地域에서 東方으로 進出한 同一系譜인 것이다.

北方大陸은 高句麗가 開拓하고 占有해서 位置하고 南쪽은 百濟와 新羅가 馬韓과 辰韓을 이어받아 存續되면서 大東方에 三國이 鼎立하고 倂存하는 三國時代가 開幕된 것이다.

大東方 民族의 三國時代는 約 600年동안 이어지고 있었다. 이 三國이 그대로 永續되었더라면 大東方國으로 成長하고 새로운

歷史를 開拓하는 途上에 오를 수 있었을 것이다.

　그러나 東方에 巨大한 大東方國이 雄飛의 나래를 펼치는가 하더니 嗚呼라 時運이 그 뿐이었던지 中途에 挫折되고 말았다. 中原의 唐나라와 新羅의 聯合에 依한 攻略으로 百濟와 高句麗가 잇따라 滅亡하면서 大東方國의 雄志는 그만 霧散되고 挫折되는 悲運을 맞게 되었기 때문이다.

　哀惜한 일이 아닐 수 없었다. 箕子로부터 始作하여 起源된 大東方 民族은 드넓은 北方의 大陸을 잃고 鴨綠江 以南의 矮小한 땅으로 밀려 縮小된 民族으로 轉落되고 만 것이다.

　〈大東方國의 挫折〉에 올라있는 글은 古代의 大東方 民族이었던 우리 民族의 起源과 根本을 어그러짐이 없는 歷史的 眞實인대로 밝힌 글이다.

　한 가지 特記할 일은 잊혀진 百濟의 五百年 都邑地를 찾아낸 일이고 高句麗의 廣開土大王碑에 銘刻되어 있던 百淺 海破의 뜻을 解得한 일이다.

　奇異하게도 百濟의 五百年 옛 都邑地가 高句麗의 廣開土大王碑에 百淺 海破라고 銘刻되어 있는 그대로 廣開土大王의 無慈悲한 攻擊으로 滅失되어 地上에서 永遠히 사라진 事實을 糾明하고 確認하게 되었기 때문이다.

짧은 글이지만 〈再生産 經濟의 創出만이 살 길이다〉를 올려
놓았다. 經濟的 沈滯에 빠진 이 民族의 活路를 開拓하기 爲해서
는 이 民族이 한번쯤 냉철하게 考慮해 보고 銘心해야 할 일이 아
닐까 생각되었기 때문이다.

지금 이 民族은 經濟破綻의 危機에서 큰 苦痛을 받고 있다. 사
실 오늘날의 危機 到來는 88올림픽의 진작부터 充分히 豫見되었
던 일이다. 分明한 理由가 있어서이겠지만 이 民族이 도저히 避
해 갈 수 없는 必然의 結果로 珍斷되었던 일이었다.

未久에 經濟危機가 엄습해 올 수밖에 없을 일이니 그 때를 當
하여 슬기롭게 克服할 打開의 方策이 모색되었으면 해서 治癒의
道程을 提示하고자 著者는 97年頃에 〈目不忍見의 不汗黨이구만〉
이라는 책을 世上에 내놓은 바 있다.

그러나 누구 한 사람 귀 기울이는 일이 없었다. 未來를 내다보
는 眼目이 없어서인지 外面當하고 만 것이다.

孫子兵法에 올라 있는 '知彼知己이면 百戰無殆'라는 말대로
經濟危機를 몰고 온 原因을 이 民族이 알고 있었다면 收拾도 쉽
게 될 수 있었던 일이었다. 그러나 이 民族은 그 原因을 全然 모
르고 있었다.

累卵의 危機가 계속되고 있는 이때 다시 한 번 注意를 喚起시
켜 危機克服에 도움이 될 수 있다면 얼마나 多幸한 일일까 싶어

짤막하게 拔萃해서 올려 놓았다.

또 이 時代의 사람들이 반드시 알아야 할 새로운 知識이고 重要한 內容이라 생각되기에 〈劣化우라늄彈의 正體가 무엇인가〉와 〈별들의 本質이 무엇일까?〉를 追加해서 末尾에 올려 놓았다.

모든 사람이 알게 되면 無時로 威脅받는 原子病이나 恐怖의 癌을 豫防해서 自身을 保護하는 데 큰 도움이 될 새로운 知識이라 생각되었기 때문이다.

사실 著者는 歷史를 工夫하고 硏究하는 사람이 아니다. 그럼에도 《大東方 民族의 挫折》을 쓴 理由는 大東方 民族의 起源을 올바르게 確認되는 文獻을 發見하고 東洋의 古代 歷史的 事實과 對照해 본 結果 그 文獻의 內容이 한치 어그러짐이 없는 眞實로 確認되었기 때문이다.

東洋의 古代 歷史的 事實에 立脚하여 東方民族의 構成과 起源을 一目瞭然하게 밝혀 갈 수 있었다. 《大東方國의 挫折》의 글 속에서 밝힌 古代 東方民族의 起源이 歷史的 眞實과 一致하며 틀림이 없음을 믿어 疑心치 않는 것이다.

著者는 東洋의 奧妙한 哲理와 宇宙思想에 根據해서 宇宙의 根

本과 本質, 그러니까 天地 萬物의 理致를 糾明하고 窮理해 온 사람이다.

그래 天地의 理致가 무엇이고 宇宙의 眞實이 무엇인지 밝혔느냐 묻는다면 다음과 같이 대답할 수 있을 것이다. 孔子이래 2500년동안 渴望했던 天地의 理致와 宇宙의 眞實에 대한 解得이 東洋의 오묘한 哲理와 物理思想에 依해서 드디어 克明하게 밝혀졌다고 말할 수 있게 된 것이다.

孔子는 '人不知而 不慍이면 不亦 君子乎아'라 했다. 사람들이 알아주지 않는다 해도 노여워하지 않는다면 이 또한 君子가 아니겠는가 말한 것이다. 自己가 成就시킨 業績을 사람들이 알아주지 않는다 해도 自己의 最善을 다 했으면 그뿐일 일이지 탓할 일이 아닐 수도 있을 것이다.

그러나 人類 有史 以來 사람들이 그리도 解得되기를 渴望했던 宇宙의 根本과 眞實이 이 民族의 一員에 依해 解得되기에 이르렀다면 사람들은 眞否를 確認하고 事實이라면 民族의 矜持로 함이 마땅할 것이다. 이미 증거로 《天地는 무엇인가》와 《世上 萬物의 理致》라는 책을 世上에 내놓고 있는 것이다.

孔子는 不語 怪 力 亂 神이라 했다. 正當하지 못하면서 怪異한

일------事理에 어긋나는 억지와 無謀한 腕力------世上을 어지럽
히는 混亂스러운 일------偶像崇拜와 같은 虛構의 事物을 追求하
는 鬼神에 대해서는 말하지 않는다 한 것이다.
　《大東方國의 挫折》에 올라있는 글은 孔子의 不語 怪 力 亂 神
의 思想과 精神에 立脚하여 事實이 아닌 일은 쓰지 않았다.

著者 識

箕子朝鮮의 起源과 三韓 推考

一. 民族의 起源

　우리 民族이 五千年이나 四千餘年의 悠久한 歷史를 간직하고 있다고는 하지만 그건 推想的인 槪念에 머물 神話的인 說話일 뿐, 우리 民族은 어떤 起源의 途程을 거치면서 언제부터 어떤 系譜로 誕生된 民族인지는 分明치 않다 할 것이다.

　도대체 우리 民族은 어떤 起源의 經路를 거치면서 언제부터 誕生된 民族일까. 이 땅에서 自生하여 形成된 民族일까 아니면 外來의 移住 民族일까.

　兩者 가운데 하나가 될 일은 分明하겠지만 正確한 記錄이나 이렇다 할 證據를 찾을 方法이 없으니 섣불리 어느쪽이다 라고 斷定을 내리기는 어려운 일일 것이다.

　아무래도 民族의 起源을 追跡해 보기 위해서는 먼저 東洋文明의 發祥地이고 亞細亞 大陸의 中心地인 中原에서 우리 나라는 멀리 떨어진 邊方에 位置하고 있다는 地理的 與件을 念頭에 두고 考慮하지 않으면 안 될 것이다.

　그런 地理的 與件에서 考慮해 볼 때 常識的인 事物의 理致에서

는 우리 民族이 亞細亞 大陸의 中原에서 漸次的인 段階의 移住經
路를 더듬어 新天地인 邊方으로 進出하게 된 民族일 것이라는 見
解가 有力하면서도 說得力이 있고 妥當性을 지닌 判斷이 될 것이
다.

　그러나 그런 見解는 一般 常識的인 事理에서 내려진 判斷에 지
나지 않을 뿐, 明確한 證據를 찾기 어려워 事實로 確認되기란 어
려운 일일 것이다. 그런 理由 때문에 온갖 異說이 紛紛할 수밖에
없는 일이겠지만 亦是 民族의 起源을 追跡하기란 五里霧中의 模
糊한 槪念에 머물 수밖에 없는 일이 아닐 수 없다.

　그런데 놀랍게도 우리 民族이 亞細亞 大陸의 복판인 中原에서
集團的으로 直接 移住해 온 民族이라는 事實을 뒷받침할 明確한
證據의 記錄이 있는 것이다. 놀라운 일이 아닐 수 없었다.

　그 記錄이 歷史的 眞實과 한치 어그러짐이 없이 一致하고 있었
으며 每事에 符合되고 있는 事實에 驚歎을 禁할 수가 없었다. 民
族의 起源에 대한 正確한 年代를 測定할 수 있었기 때문이다.

　民族의 起源은 箕子로부터 始作되고 있었던 것이다. 箕子朝鮮

으로부터 시작되는 것이다.

　箕子朝鮮을 일으킨 箕子는 누구인가. 箕子는 지금으로부터 三
千三百年 前에 大陸의 中原에서 나라를 세워 四百年동안이나 存

續되어온 殷나라 出身의 사람이었다.

箕子는 歷史에 記錄된 實存人物로 學問이 出衆하고 身分이 分明한 大學者이었다. 宗主國이었던 殷나라를 무너뜨린 周나라의 武王이 찾아 天地의 大道를 물었을 程度로 東洋文明의 發祥地인 中原에서 學問과 함께 德望이 兼備된 高名하기 이를 데 없는 學者였던 것이다.

그런 箕子가 殷나라를 무너뜨린 周나라의 武王을 避해 2900年 前에 사람이 살고 있지 않았던 東方으로 亡命해 와서 우리 나라의 北方地域 一帶를 開拓하고 箕子朝鮮을 세워 우리 民族을 起源시켰다는 無視될 수 없는 記錄과 이를 뒷받침할 歷史的 事實이 赤裸裸하게 考證되고 있는 것이다.

일은 여기에서 끝나지 않는다. 箕子가 生存하던 時代로부터 四百年間의 春秋時代를 거쳐 三百七十年間의 戰國時代가 펼쳐지고 있었는데 그 戰國時代에 亞細亞 大陸의 中原에 文明이 高度로 發達한 韓이라는 나라가 存立하고 있었다.

지금으로부터 約 二千三百年 前을 前後해서 그 韓나라의 東進 流民이 集團으로 移住해 와서 南쪽의 古代國家인 馬韓, 辰韓, 弁韓의 三韓을 세웠다는 確實한 證據가 될 文獻이 傳해 오고 있는 것이다. 우리 나라의 古代史와 民族의 起源이 克明하게 드러나고 照明될 뿐만이 아니라 歷史的 事實과 一致하는 貴重한 文獻이 아닐 수 없는 것이다.

漢文字의 偉力은 놀랍고 대단하기만 하다. 아주 簡潔하고 짧막한 글인데도 不拘하고 東洋의 歷史的인 事實과 對照하여 綿密히 分析하고 檢討해서 類推해 본 結果, 우리 民族의 起源이 明白하고 克明하게 밝혀지면서 古代史의 眞實을 仔細하게 確認할 수 있었으니 놀라지 않을 수 없는 일이었다.

그 記錄의 文獻은 說話的이거나 人爲的으로 神格化시킨 架空의 要素는 全혀 없었으며 歷史的 事實과 한 치 어그러짐이 없이 一致하는 데 새삼 놀라움을 禁할 수 없었다. 우리 民族의 起源을 眞實대로 窺知할 수 있는 놀라운 記錄이 아닐 수 없는 것이다.

지금으로부터 그 文獻에 根據하여 우리 나라의 古代國家였던 箕子朝鮮과 그 後의 衛滿朝鮮 및 三韓인 馬韓, 辰韓, 弁韓의 起源을 더듬어 追跡해서 우리 民族의 起源을 推考해 보고자 하는 것이다.

이 글을 쓰는 筆者는 歷史學者나 考古學者가 아님을 敷衍해 두며 따라서 자칫 誤謬를 犯하기 쉬운 歷史的 事實을 眞實에 立脚하여 具體的으로 證明하기는 어려운 것이다. 그저 東洋의 歷史的인 事實에 根據한 輪廓만을 記述하는데 그친다는 点을 分明히 하는 바이니 念頭에 두고 理解해 주었으면 고마운 일이 될 것이다.

새로운 歷史的 事實이 있어 異議를 提起해 온다면 窮理를 거듭하는 수고를 함께 하기를 바라오며 그렇게 된다면 光榮일 것이다.

一. 箕子朝鮮

우리나라의 北쪽에 箕子朝鮮이 實存하고 있었고 南쪽에 古代國家였던 馬韓, 辰韓, 弁韓의 三韓時代가 存在하고 있었다는 事實은 익히 아는 일로써 周知의 일일 것이다. 古代라고 하지만 三韓이 起源한 그 時代는 東洋의 中心地帶인 中原에서는 벌써 春秋時代를 거쳐 戰國時代도 末期에 접어들고 있었으며 文明과 文化가 高度로 發達된 不過 二千三百年 前쯤의 일이 되는 것이다.

箕子朝鮮의 出現은 三韓에 앞서 約 五, 六百年 前쯤의 일이 된다.

그런 歷史的 事實이 文獻에 依해 考證되고 모든 歷史的 事實에서 眞實임을 確認할 수 있었던 것이다. 그럼에도 起源이나 誕生이 確認되지 않아 不分明해서인지 正確한 照明이 되어 있지 않고 어렴풋한 口傳으로만 머물고 있는 것으로 보인다.

鄕里에서 書堂의 訓長일을 좀 거들다가 우연히 〈童蒙先習〉이라는 옛 書堂의 教科書를 들쳐보게 되었다. 그런데 참으로 놀라운 歷史的 眞實을 發見하게 된 것이다. 소스라치게 놀라지 않을 수 없었다. 箕子朝鮮의 起源 및 三韓의 存在와 由來에 대한 決定的인 根據와 貴重한 端緒로서 우리 古代社會의 歷史的 眞實이 赤裸裸하게 밝혀지고 證明될 수 있는 글을 接하게 되었기 때문이다.

〈童蒙先習〉의 글이 含蓄하고 있는 內容을 綿密히 分析하고 檢討해서 古代 東洋의 歷史的 狀況과 對照해 보니 歷史的 推移에 한 치 어그러짐이 없는데 놀라지 않을 수 없었다. 歷史的 眞實과 正確히 一致하고 있었던 것이다. 〈童蒙先習〉의 글이 神話的이거나 架空的인 要素가 아닌 歷史的 事實에 立脚하고 있어서 實存의 歷史的 眞實이 빠짐없이 뒷받침되고 있었던 것이다.

簡潔하고 짤막한 글이었지만 箕子朝鮮 및 三韓의 起源과 存在를 미루어 짐작할 수 있는 正確하고 重要한 根據와 端緒가 될 글이 아닐 수 없었다. 그 글에 根據하여 우리나라의 北쪽을 開拓한 箕子朝鮮의 由來와 南쪽에 存在했던 三韓의 起源을 더듬어 推考해 볼까 하는 것이다.

古代인 그 當時의 歷史的 事實과 여러가지 情況을 더듬어 箕子朝鮮 및 三韓의 起源과 存在를 類推해서 밝혀 보는 일도 無益한 일은 아닐 것이다.

〈童蒙先習〉의 글은 다음과 같이 시작되고 있었다.

"周나라의 武王이 箕子를 朝鮮으로 보내 다스리게 하였다."

周나라는 亞細亞 大陸의 西쪽에 位置하고 있었는데 西쪽의 箕子가 무슨 緣由로 먼 東方까지 오게 되었을까. 더구나 箕子는 武將이 아닌 學者이고 哲學者이었다. 필시 이에는 世上에 알려지지 않은 어떤 疑問의 曲折이 있었을 것이다.

周나라의 武王은 누구인가. 그는 上國이었으며 宗主國으로 받들던 殷나라의 紂王을 쳐서 무너뜨리고 새로운 强國의 覇者로 君臨하면서 周나라를 天下의 宗主國으로 세워 王位에 오른 사람이다. 지금으로부터 約 二千九百年 前의 일이 된다.

上國이고 宗主國인 殷나라를 侵攻해서 치는 일은 下剋上의 不義이다 하여 周나라의 武王을 가로막고 諫하다가 듣지 않자 이에 抗拒하여 王位조차 버리고 首陽山에 들어가 고사리를 캐먹다 굶어죽은 伯夷 叔齊도 이 時代에 살았던 人物이다. 司馬遷은 〈史記〉 첫머리에 伯夷 叔齊를 義人으로 올려놓고 있다.

사람들은 곧잘 姜太公의 곧은 낚시를 입에 올려 들먹거린다. 太公望 또는 곧은 낚시로 有名한 姜太公도 그 時代에 살았던 人物이다. 諫하는 伯夷 叔齊를 뿌리치며 죽이라 命令하는 武王을 義로운 사람을 죽이는 일은 더욱 義롭지 못한 일이다 하여 挽留한 사람이 바로 姜太公인 것이다.

그러니까 箕子朝鮮이 二千九百年 前의 그 時代에 벌써 存在하고 있었다는 이야기가 되는 것이다.

도대체 箕子는 누구인가. 周나라의 武王이 東方으로 보냈다는 箕子는 本是 周나라의 武王이 쳐서 亡해 없어진 殷나라 사람이었다. 周나라의 武王이 殷나라를 滅한 後 箕子를 招聘하여 天地의 大道를 물었다는 記錄이 歷史에 傳해지고 있는 것이다.

그런 記錄이 歷史에 傳해 오는 事實로 미루어 보아 箕子는 學問이 대단히 깊고 思想이 出衆한 哲學的인 人物이었던 것으로 보인다. 그런 훌륭한 學者인 箕子를 東方으로 보내서 다스리게 하였다는 論理가 되는 것이다.

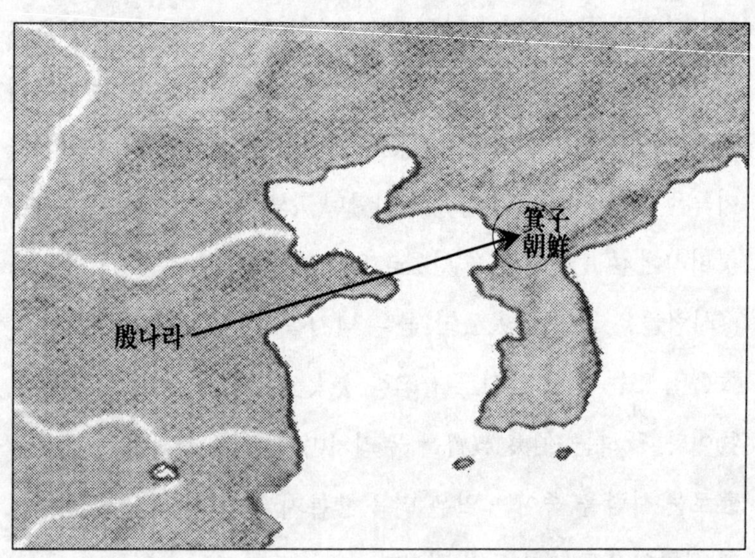

東洋文明의 發祥地인 殷나라의 箕子가 2900年 前 東進하여 箕子朝鮮을 建國하였다.

周나라의 武王이 箕子를 朝鮮으로 보내 다스리게 하였다는 말
이 그곳의 아침이 하도 新鮮하고 淸明해서 朝鮮이라 命名되어 朝
鮮이라는 國號가 箕子 以後에 만들어진 일인지 아니면 그 以前부
터 있어 왔는지 그 点은 分明하지 않으나 아무래도 箕子 以後에
命名된 것으로 짐작된다. 어찌 그러느냐 하면 箕子 以前의 그 곳
에 대한 記錄이 없으며 아무래도 箕子 以前의 그곳은 이름은 姑
捨 하고 人跡未踏의 사람이 전혀 살고 있지 않았던 것으로 보이

기 때문이다.

中原으로부터 멀리 떨어진 箕子朝鮮은 箕子의 마지막 後孫인
箕準이 衛滿한테 쫓기어 그 곳을 逃亡나올 때까지 約 五百年이라
는 오랜 歲月동안 獨立을 維持하고 있었던 것으로 보인다. 아마
도 그 地域이 지금의 平壤一帶인 것으로 생각되는 것이다.

모든 歷史的 記錄이 뒷받침되고 있어서 二千九百年 前에 箕子
朝鮮이 實存하고 있었음이 分明하며 說話의 虛構가 아닌 眞實로
確認되는 것이다.

여기에서 "周나라의 武王이 箕子를 朝鮮으로 보내 다스리게
하였다"는 말에 疑問이 남는 것이다. 그 當時는 政治의 治績이 中
央一帶에도 제대로 미치지 못한 때였는데 武王이 天地의 大道를
물었을 程度로 學問이 깊고 더구나 武將이 아닌 學者이었던 箕子

를 하필이면 어느 곳인지도 잘 把握이 되지 않던 東方으로 보내
다스리게 할 수 있었겠느냐 하는 것이다. 도저히 事理에 맞지 않
는 矛盾이 아닐 수 없는 것이다.

　그보다는 箕子가 亡國의 恨을 悲觀하여 殷나라를 무너뜨린 周
나라의 武王하고는 도저히 같은 하늘 아래에서 얼굴을 마주 對하
고 살 수 없다는 悲壯한 覺悟에서 周나라의 武王을 忌避하여 口
實을 대고 自請해서 亡命길에 오르지 않았을까 생각되는 것이다.

아니면 도망 나왔을지도 모를 일이다.
　中原一帶조차 政治의 治績이 제대로 미치지 못하였던 그 時代
에 未知의 땅이요 治績이 全혀 미치지 못한 먼 異域에 武將이 아
닌 學者인 箕子를 보내 다스리게 할 수 있었겠느냐 하는 것이다.
事理에 맞지 않는 이야기인 것이다.
　後世에 記述된 文獻이기 때문에 아마도 表現이 잘못되지 않았
을까 생각되는 것이다. 中原의 政治하고 聯關關係의 아무런 흔적
없이 箕子朝鮮이 五百餘年이라는 긴 歲月동안 獨立하여 계속 存
續되어온 歷史的 事實이 箕子의 亡命을 雄辯으로 뒷받침하는 證
據가 될 것이다. 새로이 照明하고 浮上시켜야 할 課題가 아닐까

생각되는 것이다.

一. 衛滿朝鮮

동 몽 선 습
〈童蒙先習〉의 글은 또 다음과 같이 이어지고 있었다.

"燕나라 사람 衛滿이 因盧綰亂으로 — 즉 謀反과 反亂을 꾀하

다가 失敗하자 朝鮮으로 亡命하여 箕準을 꾀어 내쫓고 王儉城을

占據하였다. 箕準이 浮海而南, 그러니까 바다로 떠서 南으로 逃

亡하여 지금의 益山 金馬땅에 定着하게 되었다. 이게 바로 馬韓

이다."

箕子朝鮮의 箕準이 燕나라의 衛滿한테 나라와 王儉城을 奪取

當하고 쫓겨 도망나와서 金馬땅에 定着하고 馬韓을 세웠다는 것

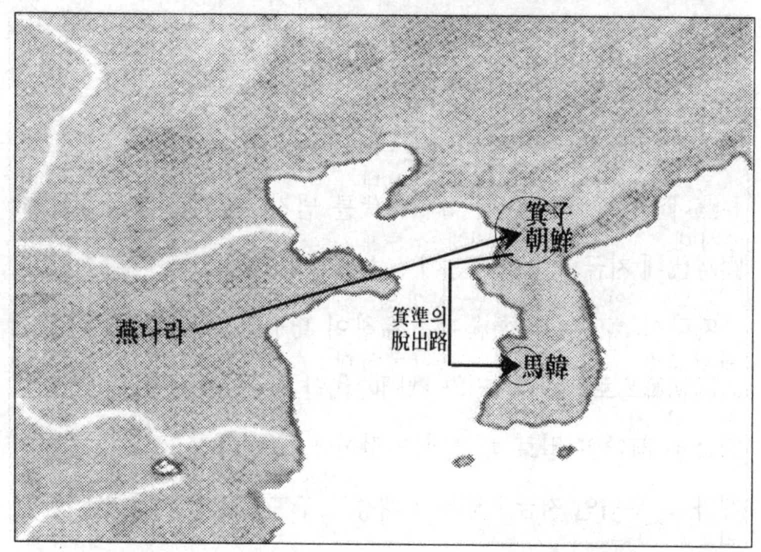

2350年 前쯤 燕나라의 衛滿이 도망나와 箕子朝鮮의 王儉城을 奪取하
고 占據하였다. 이때 基準이 西海로 脫出하고 南下해서 馬韓을 建國하
였다.

이다.

　이 때가 箕子로부터 約 五百年쯤의 歲月이 흐른 後의 일이 되는 것으로 보인다. 어찌 그렇게 抽想되느냐 하면 衛滿이 도망나온 燕나라는 箕子가 生存했던 時代를 조금 넘긴 後부터 始作되는 四百年동안의 春秋時代를 넘긴 戰國時代에 存在했던 나라이기 때문이다.

　그러고 보면 箕子朝鮮이 約 五百餘年동안 獨立을 維持하고 存續되었던 것으로 보인다. 어찌 그러느냐 하면 燕나라의 衛滿한테 쫓겨 도망해서 馬韓을 세운 箕準은 그 이름에서 미루어 볼 때 아무래도 箕子의 後孫인 것으로 보이기 때문이다. 箕子朝鮮의 實存과 歷史를 照明하고 證明하는 貴重한 發見이 아닐 수 없다.

　그렇다면 箕子朝鮮을 奪取해서 占領한 衛滿이 謀反에 失敗하고 도망나온 燕나라는 또 어떤 나라인가.

　燕나라는 四百年間의 春秋時代를 넘긴 三百七十年동안의 戰國時代에 지금의 北京地方에 存在했던 나라이다.

　따라서 燕나라의 衛滿이 亡命하여 箕子朝鮮의 箕準을 내쫓고 衛滿朝鮮으로 呼稱한 지가 戰國時代인 지금으로부터 約 二千三, 四百年 前쯤의 일로 斷定되는 것이다. 그렇다면 馬韓이 세워진 때가 그 무렵인 지금으로부터 대충 二千三百餘年 前인 것으로 推理되고 考證되는 것이다.

〈童蒙先習〉의 글은 또 다음과 같이 이어지고 있었다.

"秦始皇의 秦나라가 일으키는 天下無道의 亂을 避하여 逃亡나오는 秦나라의 東進流民이 馬韓을 찾아 자꾸만 몰려들므로 그들을 東쪽으로 보내서 살게 하니 이들이 세운 나라가 辰韓이다. 그後 馬韓과 辰韓 사이에 새로운 勢力이 擡頭되어 弁韓이 세워지게 되었는데 弁韓의 起源이나 始祖年代는 알 수 없다. 이 三國을 三韓이라 했다."

〈童蒙先習〉의 글은 이로써 끝나고 衛滿의 孫子때에 가서 漢나라의 武帝가 衛滿朝鮮을 討滅하고 樂浪 等 四郡을 設置했다가 後에 昭帝가 二都督付로 統合시켰다는 글이 이어지고 있었으나 훨씬 後代의 일이고 三韓하고는 關係가 없는 일이어서 省略하기로 할 것이다.

一. 三韓의 起源

여기에서 그냥 看過될 수 없는 아주 重要한 일이 있다. 大陸의 中原에서 戰國時代의 中葉에 該當되는 그 때에 우리나라의 南쪽에 세워졌던 馬韓, 辰韓, 弁韓의 三國이 例外없이 韓나라 韓字를 國名 밑에 달아 使用하고 있는데, 어찌하여 이들 三國이 한결같이 韓나라 韓字를 나라 이름 밑에 달기를 그토록 執拗하게 固執

하였는가 하는 것이다.

뿐만 아니라 어찌하여 또 大陸의 中原에서 秦나라의 難을 避하여 바다를 건너 멀리 떨어져 있는 馬韓을 찾아 사람들이 꾸역꾸역 限死코 몰려들고 있었는가 하는 것이다. 疑問이 아닐 수 없는 것이다.

돌이켜 생각해 보건대 三韓하고 韓나라 韓字하고는 뗄래야 뗄 수 없는 어떤 깊은 因緣이나 풀리지 않는 聯關關係가 필시 있었던 것으로 보이는 것이다. 疑問이 아닐 수 없는 일이지만 戰國時代에 大陸의 中原에서 그 當時 일어났던 興亡盛衰의 여러가지 變化와 狀況을 分析하고 考察해 보면 이 疑問은 自然히 풀리게 되는 것이다.

도대체 三韓하고 韓나라 韓字하고는 어떤 因緣과 聯關關係가 있었을까. 우리가 알고 있지 못하지만 汎然히 보아 넘겨서는 안 될 어떤 未知의 깊은 聯關關係가 틀림없이 있었던 것으로 보이는 것이다. 도대체 무슨 關係였을까.

그런 關係와 三韓이 存立하게 된 由來를 알기 爲해서는 먼저 東洋民族과 東洋文明 및 文化의 發祥地이면서 東洋의 中心地인 그곳 大陸의 中原에서 그 當時 그 時代에 存續했던 여러 나라의 興亡盛衰와 이들 나라 間의 悽絶했던 싸움이며 서로 間에 緊迫했던 關係 等 여러가지 狀況을 遡及해서 追跡하고 考察해 보지 않으면 안 되는 것이다.

　周나라의 武王을 忌避하여 箕子가 東方으로 와서 箕子朝鮮을 開拓하고 存立하게 된 때로부터 三韓이 起源되는 七百餘年의 期間이 妙하게도 大陸의 中原에서 春秋時代를 거쳐 戰國時代로 이어지는 七百七十年의 期間과 一致하는 것이다. 이는 偶然의 一致인 공교로운 일이라기보다는 歷史的 事實인 것이다.

　箕子로부터 六百年쯤 흘러간 戰國時代의 末期에 大陸의 中原에 割據하던 여러 나라도 亡하고 天下는 저 萬里長城을 築造한 秦始皇의 秦나라로 統一되었다.

　그 秦나라가 미처 二代도 가지 못한 채 亡하고 말았는데 秦나라가 놓친 사슴을 쫓아 天下의 英雄豪傑들이 割據하여 싸우며 저마다 逐鹿에 餘念이 없게 되었던 것이다.

　마침내 漢나라의 劉邦과 楚나라의 項羽가 天下를 兩分하여 싸우게 되었는데 끝내 漢나라의 劉邦이 楚나라의 項羽를 이겨 天下를 統一하게 된 것이다.

　그러니까 箕子가 세운 箕子朝鮮이 誕生하게 되는 周나라때부터 漢나라의 劉邦이 楚나라의 項羽를 이겨 天下를 統一할 때까지의 約 七百七十年동안이 世人의 입에 오르내리는 春秋戰國時代에 該當되는 것이다.

　다시 한 번 敷衍한다면 箕子朝鮮이 起源되는 時代로부터 馬韓,

辰韓, 弁韓의 三韓이 起源해서 存立하게 되는 約 七百七十年동안
의 時期가 中國大陸의 中原에서 春秋時代와 戰國時代가 펼쳐지

고 있던 때인 것이다.

　좀더 자세히 말한다면 二千五百年 前의 孔子時代를 基準으로
해서 前의 四百年이 春秋時代에 該當되며, 天下를 統一하고 萬里
長城을 築造한 秦나라가 亡해서 놓친 사슴을 쫓아 天下의 英雄豪
傑들이 저마다 割據하여 逐鹿에 餘念이 없었던 時代를 거쳐 漢나
라의 劉邦이 楚나라의 項羽를 이겨 마침내 天下를 統一할 때까지
의 約 三百七十年동안이 戰國時代라고 생각하면 無妨할 것이다.

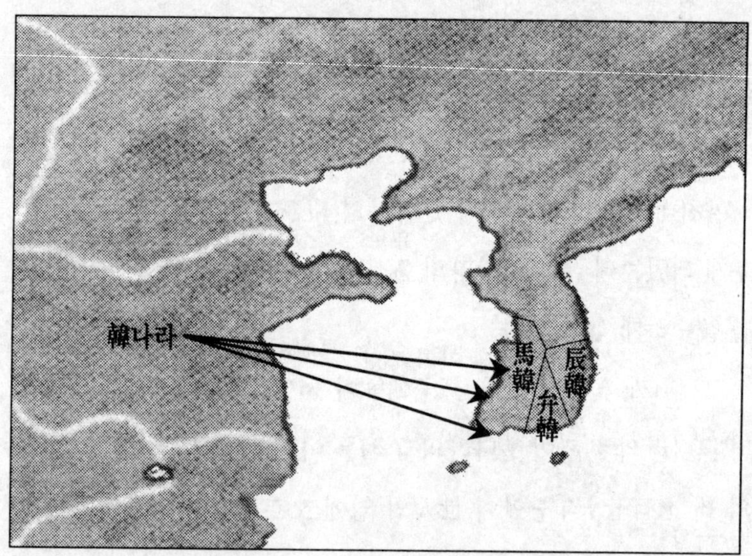

2200年 前쯤 秦始皇의 難으로 韓나라로 바뀐 옛 殷나라 地域의 사람
들이 自己들의 同胞가 살고 있는 馬韓을 찾아 몰려들었다. 이들을 東
쪽으로 보내 살게 했는데 이들이 세운 나라가 辰韓이다. 뒤에 弁韓이
생겼다.

사람들은 日常生活에서 春秋戰國時代의 낱말을 곧잘 입에 오

르내리고 있지만 그러나 春秋時代는 무엇이고 또 戰國時代는 어

떤 時代인가 하는 槪念은 模糊하고 漠然하기만 해서 잘 모르고

있는 것으로 보인다.

孔子가 어지러웠던 그 時代의 歷史記錄을 補完해서 春秋라는

글을 썼지만 春秋란 봄에 싹이 터서 자라고 가을에는 凋落한다는

春秋의 글字가 內抱하고 示唆하는 그대로 數도 없이 많은 나라들

이 아침에 일어났다가 저녁에는 亡해 시들어지는 存亡이 無常하

고 싸움이 그칠 날이 없었던 時代를 말하는 것이다. 어떻게 보면

文物의 活動이 活潑했던 時代이지만 많은 나라의 興亡盛衰가 無

常했던 時代인 것이다.

그렇다면 戰國時代는 또 어떤 時代인가. 戰國時代란 春秋時代

의 많은 나라들이 秦, 韓, 魏, 趙, 燕, 齊, 楚의 七個國으로 統合되

고 整備되어 이들 일곱 나라들이 倂立해서 서로 으르렁거리며 싸

우면서 勢力을 다투던 時代인 것이다.

우리는 여기에서 戰國時代에 三韓의 起源과 不可分의 關係에

있게 되는 韓나라가 마침내 登場하고 存立한 歷史的인 事實에 留

意하고 注目할 必要가 있을 것이다. 三韓의 韓字가 지니고 있던

秘密이 풀리는 韓나라가 드디어 登場하고 出現하게 되는 것이다.

箕子朝鮮을 빼앗아 占據한 衛滿이 도망나온 燕나라도 戰國時代인 이 때에 存在했던 나라이다.

戰國時代에 이르러서는 文物과 兵器가 자꾸만 發達되다 보니까 戰爭의 規模도 더욱 大型化되고 悽絶해지기 마련이었다. 바야흐로 사람들의 목숨이 風前燈火의 危急한 處地에서 부지되기 힘든 때이었던 것이다.

貪慾으로 응어리진 요즈음의 政客들이 곧잘 입에 올리면서 잘난 체 떠벌리고 引用하는 말에 蘇秦의 合縱策과 張儀의 連衡策이 있다. 合縱策과 連衡策의 故事成語도 戰國時代인 그 時節에 出現하고 登場한 말인 것이다.

사납기 그지없는 動物인 人間들은 싸우는 게 本性인지 서로 치고 받고 물불을 가리지 않으면서 싸우다 보니 그 被害가 온 누리에 미치게 되어 사람들이 살아갈 수 없게 되었겠지만 한편 점차로 强弱이 드러나게 될 수밖에 없었을 것이다.

稀代의 說客으로 有名한 蘇秦의 合縱策으로 잘 알려져 있는 대로 勢가 弱한 東쪽의 韓, 魏, 趙, 燕, 齊, 楚의 六個國이 縱으로 聯合해서 西쪽의 强大한 秦나라와 對峙하고 싸우며 버티고 存續하던 時代도 戰國時代의 末期에 가까웠던 때인 것이다.

一. 韓나라의 存在

　戰國時代도 어언간 末期에 접어들고 있던 그 時代에 各 나라가
占有하고 있던 地理的 位置와 分布狀況을 살펴보면 中國大陸의
揚子江 以南의 東쪽을 楚나라가 占有하고 있었다.
　揚子江 以北의 東쪽 海岸地帶를 齊나라가 그 北쪽인 지금의 北
京地帶에 해당하는 地域을 燕나라가 占據하고 있었으며, 그 西쪽
을 趙나라가 그 아래의 中原地帶를 魏나라와 韓나라가 차지하고
있었다. 그 西쪽의 廣闊한 땅을 强大한 秦나라가 占有하고 있었
던 것이다.
　間於齊楚라는 故事成語가 있다. 强한 齊나라와 楚나라 사이에
끼어 이들 등쌀에 이리 밀리고 저리 밀리며 苦痛으로 呻吟하고
있다는 것이다. 强大國인 秦나라와 齊나라, 楚나라 및 魏나라 사
이에 끼어 苦痛받으며 呻吟하는 弱小國인 韓나라 住民들은 고래
싸움에 새우등 터진다는 間於齊楚의 처지대로 죽을 맛으로 平安
할 날이 없었던 것으로 보인다.
　항상 그토록 危急한 運命에서 시달리며 苦痛받고 있던 中原의
韓나라 사람들과 우리의 箕子朝鮮이나 三韓의 起源하고는 뗄래
야 뗄 수 없는 어떤 密接한 關係에 놓여 있었던 것으로 보이는 것
이다. 〈童蒙先習〉에 나타나 있는 秦나라의 亂을 避해 馬韓으로

밀려들었다는 東進難民이 다름 아닌 韓나라 地域의 住民들이며
그들의 東進流民이었던 것으로 생각되기 때문이다.

　去頭截尾하고 結果부터 말한다면 戰亂에 시달리며 苦痛받던
韓나라 地域의 住民들이 揚子江을 따라 배를 타고 내려와 西海를
건너 東進流民으로 밀려 들어와서 우리의 三韓을 세운 것으로 보
이며 그렇게 斷定되는 것이다. 여러가지 證據가 歷然하니 이건
小說 같은 虛構의 說話가 아니라 眞實일 것이다.
　어찌 그렇게 斷定될 일이며 그런 斷定이 眞實일 것인가가 먼저
確認되어야 할 일일 것이다. 이를 確認하기 위해서는 먼저 그렇
게 斷定되는 動機와 原因을 追跡해 보아야 할 일이 아닐 수 없는

것이다.

　벌어졌던 입이 다물어지지 않는 놀라운 일이 아닐 수 없을 것
이다. 大陸의 中原에 位置했던 韓나라 地域의 住民들이 東進流民
이 되어 건너와서 東方의 箕子朝鮮을 開拓하고 나아가 三韓을 起
源시켜 存立했었다니 도대체 믿어질 일이 아닐 일이기 때문이다.
　或者는 歷史的 根據가 있느냐. 있다면 根據를 대라 할지 모를
일이다. 물론 證據를 내놓아야 할 것이다.
　韓나라 地域의 住民들이 대거 移住해 와서 北方의 箕子朝鮮을
開拓하고 南方의 三韓을 起源시켰다는 主張은 전혀 架空의 誇張

된 虛構가 아니라 歷史的 眞實에 한 치 어그러짐이 없는 모든 證
據가 뒷받침되고 있는 것이다. 根據되는 證據가 빠짐없이 具備되
어 歷史的 眞實에 한 치 어그러짐이 없이 一致하며 符合되고 있
는 것이다.

그러한 歷史的 根據를 찾기 위해서는 먼저 三韓이 起源되기
五, 六百年 前의 箕子朝鮮까지 멀리 遡及해 올라가지 않으면 안
되는 것이다. 이미 戰國時代의 三韓이 起源되기 훨씬 以前인 春
秋時代때부터 끊임없는 戰亂으로 시달려오던 韓나라 地域에 살
고 있던 사람들의 一部가 戰亂의 被害와 禍를 忌避해서 멀리 떨
어진 지금의 平壤一帶인 箕子朝鮮에 대거 移住해 와서 살고 있었
던 것으로 보인다.

가까운 이웃인 燕나라와 齊나라 사람들도 있었을 터인데 何必
이면 어찌하여 멀리 떨어져 있는 大陸의 中原인 韓나라 地域의
住民이 그 먼 곳까지 移住해 와서 살았겠는가 할 것이다. 勿論 燕
나라와 齊나라 사람들도 가까운 距離의 이웃인 關係로 箕子朝鮮
에 移住해 와서 살고 있었을 것이다.

韓나라 地域의 住民들이 齊나라와 燕나라를 거처 멀리 떨어진
箕子朝鮮까지 移住해 와서 살고 있었다면 필시 그럴 만한 充分한
理由가 있었을 것이다. 어찌하여 그들이 그 먼 곳까지 와서 살았

는가 하는 動機와 原因이 있었을 일임에 틀림없는 것이다. 그러
한 動機와 原因을 追跡하고 推考해서 歷史의 眞實을 밝히는 일
또한 有益한 일이 될 것이다.

　事物의 結果에는 나름대로의 原因과 動機가 있게 마련일 것이
다. 韓나라 地域에 살고 있던 사람들이 異域萬里의 멀리 떨어진
箕子朝鮮까지 와서 살게 되었다면 틀림없이 그럴 만한 充分하고
도 分明한 動機와 原因이 있었을 것이다. 그러한 動機와 原因을
다음과 같은 境遇와 理由에서 類推해 볼 수 있는 것이다.

　이야기는 箕子로부터 始作된다. 周나라의 武王이 東方을 다스
리도록 보냈던, 아니면 周나라의 武王하고는 같은 하늘 아래에서
는 도저히 머리를 맞대고 살 수 없다 하여 箕子가 스스로 亡命길
에 올랐던 間에 箕子朝鮮을 세운 殷나라 出身의 箕子가 훗날 戰
國時代에 세워지게 되는 韓나라 地域의 出身이었던 것으로 보이
는 것이다. 이는 새로운 事實로 再照明되어야 할 重要한 일이 아
닐 수 없을 것이다.

　古代社會에서 姓氏 밑에 子字를 붙이는 일은 孔子와 孟子의 경
우에서 보여지는 바와 같이 學問이 대단히 깊고 德望이 아주 높
으며 哲學的인 人物한테만 붙여지게 되는 尊稱인 것이다. 周나라
의 武王이 찾아 天地의 大道가 무어냐고 물었을 程度라면 箕子는

그만큼 學問이 出衆하고 德望이 높은 哲學的인 人物이었음에 틀

림 없었을 것이다.

  여기에서 分明해진 일은 周나라의 武王이 箕子를 東方으로 보

내 다스리게 하였다고 하지만 그럴 理由가 成立되지 않으며 여러

가지 情況으로 미루어 보아 사실은 箕子가 殷나라를 무너뜨린 武

王을 避해 亡命해 와서 箕子朝鮮을 建國한 것으로 보인다.

  그러고 보면 우리 民族의 始祖는 當然히 사람이 살고 있지 않

은 人跡未踏의 곳을 開拓하여 나라를 세운 箕子가 된다.

  學問이 깊고 德望이 높으며 哲學的인 人物이었던 箕子가 그 곳

에 가서 나라를 세우고 다스리게 되니 自然히 戰爭이 없는 平和

로운 世上을 維持하게 되었을 것이다. 그칠 날이 없는 戰亂에 시

달리며 늘 生命을 威脅받으면서 甚한 被害와 苦痛으로 呻吟하는

사람들은 戰爭이 없는 平和로운 世上을 얼마나 希求하며 渴望할

일이겠는가.

  孔子는 苛斂誅求의 苛酷한 政治는 猛虎보다 무섭다고 했다.

  箕子가 가서 새로운 나라를 세우고 다스리면서 戰爭이 없는 平

和로운 世上을 保存, 維持하고 合理的인 社會를 發展시키게 되었

다면 이 消息은 風聞을 타고 瞬息間에 箕子의 故鄕으로 傳해지게

되었을 것이다. 戰亂에 시달리며 苛斂誅求의 甚한 苦痛에서 呻吟

하던 韓나라 地域의 住民들이 목숨을 걸고 脫出의 途程에 올라

箕子한테 몰려가게 되었을 結果는 不問可知의 當然한 歸結이 아

닐 수 없는 것이다.

　일은 여기에서 끝나지 않았을 것이다. 箕子로부터 四, 五百年
이 지난 戰國時代에도 韓나라 사람들은 戰爭의 慘禍를 避해서 男
負女戴하여 同族이 살고 있는 箕子朝鮮으로 몰려가 살게 되었던
것으로 보인다. 戰禍에 시달리며 命이 頃刻으로 威脅받던 韓나라
사람들은 戰亂이 없는 平和로운 箕子朝鮮이야말로 바로 希望이
요 羨望과 憧憬의 的이 아닐 수 없었을 일이었기 때문이다.
　箕子朝鮮이 箕準때까지 五, 六百年의 긴 歷史를 간직한 채 維
持되고 있었던 일이 分明함에도 歷史的 記錄이 두드러지지 않은
理由는 箕子朝鮮이 남다른 平和를 持續하고 있었다는 산 證據가

될 것이다.

一. 馬韓을 세운 人脈

　戰國時代의 燕나라 사람인 衛滿이 謀反에 失敗하자 逃亡나와
서 箕子朝鮮의 王儉城을 奪取하고 箕準을 꾀어 내쫓아 占據한 때
가 箕子로부터 五百餘年이 지난 지금으로부터 二千四百年 前後

인 것으로 보인다.
　이때 箕準을 따라 西海로 도망나와 배를 타고 南下해서 그 當

時 사람이 살고 있지 않았던 無主空山의 땅인 것으로 짐작되는 지금의 益山 金馬땅에 定着하여 馬韓을 세운 사람들이 모두 韓나라 地域 出身의 後裔들인 것으로 보이는 것이다. 이는 架空의 推理가 아니라 모든 歷史的 根據와 여러가지 情況으로 미루어 볼 때 틀림없는 眞實일 것이다.

저 有名한 說客인 蘇秦의 合縱策으로 東쪽의 六個國이 聯合하여 근근이 延命하고 있던 韓나라 等 六個國도 머지 않아 亡하게 된다. 韓나라 等 六個國의 宰相을 지내며 强大한 西쪽 秦나라의 侵略을 간신히 防護하고 있던 蘇秦이 죽자 그의 合縱策도 그만 무너지게 되어 張儀의 連衡策인 各個 擊破로 마침내 天下는 秦始皇의 秦나라로 統合되는 것이다.

諸侯制를 폐지하고 中央集權制로 權力을 한 손아귀에 거머쥔 秦始皇은 苛酷한 彈壓政治로 甚한 苦痛과 犧牲을 强要하면서 百姓들을 動員하여 萬里長城을 쌓고 北方 異民族의 侵略을 막아 榮華와 權力을 萬代에 이어가려 했다.

그러나 欲速不達이요 過慾은 禍를 부르는 법이다. 農書를 除外한 모든 책들을 뺏어다가 불사르고 많지도 않던 貴한 學問의 所有者인 儒生들을 잡아다가 산 채로 구덩이에 파묻어 죽이는 等 저 焚書坑儒의 天下無道한 蠻行과 酷毒하고 惡辣하기 이를데 없는 橫暴를 서슴치 않다가 미처 二代도 持續하지 못한 채 秦나라는 끝내 亡하고 말았다.

그 當時의 책은 종이가 아직 發明되지 않아 대발을 엮어 記錄되었기 때문에 比할 수 없이 貴重한 存在이었다. 그토록 貴重한 책을 뺏어다 불 태우고 글을 아는 稀少한 識者들인 儒生들을 잡아다가 산 채로 구덩이에 묻어 죽이다니 歷史를 더럽힌 天人共怒의 蠻行이요 도저히 용서될 수 없는 恥辱이 아닐 수 없는 일이었다.

秦나라가 일으키는 難에 따른 受難과 苛酷한 苦役으로 戰戰兢兢 呻吟하던 韓나라의 亡國民들은 自己네 同族들이 바다를 건너 東方의 먼 곳에 馬韓이라는 나라를 세워 둥지를 틀고 開拓하며 平和롭게 살고 있다는 消息을 먼 風聞으로 듣게 되자 새로운 希望이 되어 決死的으로 脫出을 敢行해서 移住에 나섰던 것으로 보이는 것이다.

中原에서 長江인 揚子江의 물줄기를 따라 내려오고 험한 파도의 바다를 건너 東進을 계속하여 千辛萬苦 끝에 馬韓으로 자꾸만 몰려들고 있었던 것으로 보인다.

馬韓의 先着民들은 꾸역꾸역 자꾸만 밀려오는 이들 同族의 많은 人口를 收容하기가 어려웠던 모양이다. 궁리끝에 할 수 없이 땅을 나누어 泡和狀態에 이른 그들 人口를 東쪽 땅으로 보내서 살게 했는데 이들이 세운 나라가 辰韓(진한)이라는 것이다.

人口(인구)가 急速度(급속도)로 늘어남에 따라 坊坊曲曲(방방곡곡)으로 널리 퍼져 살게 된 것으로 보이는데 지금의 陜川(합천)에서 以南(이남)으로 南海(남해)에 이르는 三角地帶(삼각지대)의 住民(주민)들이 勢力(세력)을 糾合(규합)하여 起源(기원)이나 始祖年代(시조연대)를 모른다는 弁韓(변한)을 새로이 세운 것으로 보인다. 왜냐하면 弁韓(변한)의 弁字(변자)가 三角圓錐形(삼각원추형)인 고깔 弁字(변자)이기 때문이다. 三角(삼각)의 地形(지형)이 그대로 나라 이름으로 나타나고 있다.

모든 것을 버리고 맨손으로 脫出(탈출)한 그들이기에 原始生活(원시생활)을 크게 벗어날 수 없었겠지만 이렇게 세워진 三韓(삼한)은 한결같이 部族(부족)의 協同社會(협동사회)를 形成(형성)하고 構成(구성)해서 維持(유지)되었던 것으로 보인다.

그런데 널리 흩어져 살게 된 그들이 어찌하여 하필이면 나라 이름을 馬韓(마한), 辰韓(진한), 弁韓(변한)이라고 韓(한)나라 韓字(한자)를 한결같이 밑에 붙였으며 유별나게 固執(고집)하였는가 하는 것이다.

馬韓(마한)은 그 곳의 地形(지형)이 말을 닮고 있어서 箕子朝鮮(기자조선)에서 脫出(탈출)하여 도망나온 韓(한)나라 地域(지역) 出身(출신)의 住民(주민)들이 韓(한)나라의 民族(민족)임을 잊지 않기 위해 馬韓(마한)이라고 命名(명명)했던 것으로 보인다.

그렇다면 辰韓(진한)은 또 무슨 뜻이겠는가. 辰韓(진한)의 辰字(진자)는 별이라는 뜻으로 해가 지고 달이 뜨지 않으면 오직 초롱초롱한 별빛 밖에 볼 수 없다는 뜻을 間接的(간접적)으로 暗示(암시)하고 있는 것이다. 사람이 전

혀 살고 있지 않았다는 前人未踏의 新天地이요 黎明의 땅이라는

뜻을 담고 있다.

三韓이 들어서기 前인 二千三百年前까지만 해도 그 곳은 사람

이 전혀 살고 있지 않았던 無主空山의 땅이었다는 事實을 辰韓의

이름에서 미루어 짐작할 수 있는 것이다.

箕子朝鮮의 住民들이 더러는 내려와서 살고 있었을 수도 있는

일이었기 때문에 사람이 전혀 살고 있지 않았다고 速斷해서 그런

斷定을 固執할 수야 없을 것이다. 그러나 三韓이 定着하기 前까

지 그곳은 人跡이 드물어 사람이 거의 살고 있지 않았던 無主空

山의 땅이었던 것은 틀림없는 사실로 推測되는 것이다.

迷宮으로 가려진 채 나라의 起源이나 始祖年代를 알 수 없다는

弁韓은 제일 나중에 세워진 나라로 馬韓과 辰韓의 住民들이 흘러

들어가 살면서 새로이 勢力을 糾合하고 構築하여 세운 것으로 보

인다.

그런데 이들 세 나라가 어찌하여 例外없이 나라 이름으로 韓나

라 韓字를 國名 밑에 붙이기를 限死코 固執하였을까 하는 것이

다. 나라 固有의 特性을 살리기 爲해 各己 다른 國名을 固執했을

법도 한데 한결같이 韓나라 韓字를 固執하고 있는 것이다. 어찌

그랬을까. 필시 그럴 만한 理由가 있었을 것이다.

그 理由란 다름이 아니라 모든 歷史的 事實과 事物의 理致를

따라 이제까지 推考해 온 대로 그들 모두가 戰國時代에 東洋文明
의 中心圈이요 大陸의 中原에 位置해서 存續되었던 韓나라의 流
民이요 後裔들이었기 때문이었을 것이다.

　살던 나라와 故鄕을 버리고 異域萬里의 먼 곳으로 移住해 와서
새로운 보금자리를 틀고 살게 된 그들이 故鄕이요 故國인 韓나라
를 잊지 않고 憧憬하며 彼此 自己들이 同族임을 確認하고 强調하
기 위해서 붙인 韓나라 韓字가 아니겠는가 하는 것이다
　모든 歷史的 事實이나 여러가지 足跡의 情況에서 미루어 考慮
해 보았을 때, 三韓을 起源시킨 사람들은 箕子를 따라 또 秦나라
의 難으로 大陸의 中原에서 移住해 온 韓나라 地域의 流民이었고
그들의 後裔이었음은 疑心의 餘地가 없다 할 것이다.
　歷史的 證據나 情況을 事理的으로 分析해 볼 때 우리 民族은
大陸의 中原에서 集團的으로 移住해 온 事實이 排除되지 않으며
그런 可能性을 否認할 수 없는 것이다. 歷史가 證明하고 있기 때
문이다.
　歷史란 있었던 事實대로 照明되고 밝혀서 받아들여져야 옳지
眞實이 아닌 虛構를 誇張하고 神格化해서 부풀리고 過信할 일이
아닐 것이다. 이제까지의 論理에서 본다면 우리 民族의 始祖는
當然히 箕子가 될 것이다.

一. 벼농사는 三韓時代에 始作되었다

五穀의 하나인 쌀은 우리의 主食穀物로 食糧의 重要한 位置를 차지하고 있다. 食糧의 大宗을 占有하는 그토록 重要한 벼농사가 우리 나라에서 언제부터 처음으로 始作되고 耕作되었을까. 무척 궁금한 일이 아닐 수 없지만 아마도 三韓時代부터 처음으로 耕作되지 않았을까 생각되는 것이다. 그런 可能性을 다음과 같은 경우의 여러가지 情況에서 類推해 볼 수 있는 것이다.

쌀이라는 뜻인 쌀米字가 數千年 前의 古代부터 登場하고 傳해 오는 것으로 미루어 보아 中國大陸의 中南部地方에서는 아주 오래 前인 일찍부터 벼가 耕作되고 栽培되어 왔던 것으로 보인다. 벼禾, 벼稻 等 벼를 뜻하고 있는 글字도 多樣하다.

벼의 栽培技術이 原始的인 古代였기 때문에 氣候가 다소 寒冷地帶에 속한 北方의 箕子朝鮮에서 일찍이 벼농사가 可能하고 耕作되었을 일인가는 적이 疑問이 아닐 수 없는 일일 것이다. 箕子朝鮮에서 벼농사가 可能했었다면 벼農事의 歷史는 2900年 前으로 遡及해 올라가겠지만 그렇지 못했을 경우이라면 그럼 어느 때부터 우리 나라에서 벼農事가 처음으로 시작되고 耕作되었을까.

百濟의 都邑地였던 扶餘의 옛 城터에서 多量의 쌀이 탄 흔적이 보이는 것으로 보아 相當히 오래 되었을 것으로 推測되지만 아마도 三韓時代부터 아니였을까 생각되는 것이다.

戰國時代의 中國大陸에 存續되었던 韓나라와 緯度가 비슷하고 氣候 또한 溫暖할 뿐만 아니라 여러모로 條件이 같은 地域이었던 三韓 땅에서 韓나라의 流民으로 三韓이 起源되면서부터 이 땅에서 벼農事가 처음으로 시작되지 않았을까 생각되는 것이다. 그럴 可能性은 다음과 같은 경우를 根據로 假定해서 類推해 볼 수 있는 것이다.

古代의 일찍부터 中國大陸의 農耕社會에서는 "農夫는 餓死일지라도 枕厥種子인 것이다"라는 悽絶하리만큼 눈물겨운 俗談이 傳해지고 있었다. 이게 무슨 뜻인가. 農夫는 굶어죽는 限이 있더라도 來年에 씨를 뿌리고 農事를 가꿀 種子만큼은 먹지 않은 채 머리맡에 그냥 베고 죽는다는 것이다. 種子를 生命보다 重히 여기고 있었던 것이다.

너무나 측은한 말이 아닐 수 없지만 그러나 어떻게 굶어 죽으면서까지 먹지 않겠느냐 反問할 수도 있을 것이다. 조금도 거짓이 아닌 眞實이었다. 種子가 없으면 다음 해의 農事를 耕作할 수 없고 農事를 가꾸지 못하면 굶어 죽을 수밖에 달리 道理가 없기 때문에 種子를 그토록 所重히 여기고 지켰던 것이다.

農事를 가꿀 種子를 生命보다 所重히 여기고 있던 大陸의 韓나라 사람들이 秦나라의 難을 避해 東進하여 馬韓땅으로 移住해 오

면서 將來의 活路를 열고 새로운 삶을 開拓하기 爲해서 農事를
지을 種子만큼은 限死코 지키며 지니고 와서 農事를 지었을 것이
다.

 그런 理由 때문에 벼의 種子를 生命보다 所重히 간직하고 왔을
일이 아닐 수 없는 것이다. 물론 콩, 보리 等의 다른 種子도 함께
들여왔을 것이다. 그렇다면 우리 나라의 벼農事는 二千三百年이
라는 意外의 悠久한 歷史를 간직하고 왔다는 理致가 되며 그런
結論에 到達하게 되는 것이다.

 여러가지 情況으로 미루어 볼 때 馬韓땅에 韓나라의 移住 流民
이 들어오면서 벼種子도 함께 지니고 들어와 이때부터 쌀농사가
처음으로 耕作되지 않았을까 생각되는 것이다. 그들이 秦나라의
難을 避해 逃亡나오면서 그냥 멍청히 불알 두 쪽만 찬 채 맨주먹
으로 나왔을 理가 없기 때문이다.

 그런 理致에서 헤아려 본다면 우리 나라에서 처음으로 벼農事
가 시작된 歷史는 三韓의 起源과 軌를 함께 한 二千三百年 前後
가 될 것이다. 이건 틀림없는 事實로 벼種子가 馬韓땅을 經由해
서 우리 나라에 처음으로 上陸했다는 理致가 되는 것이다.

一. 우리의 漢字는 民族固有의 文字이다

 日本의 侵略을 벗어난 光復 以後의 近來에 들어와서 漢字가 우
리 民族의 文字가 아니고 外來의 中國文字라고 排斥되어 가르치
지 않고 배우지 않으면서 사람들이 마냥 멍청해지는 가운데 漢字
가 抹殺될 悲痛스러운 運命을 맞고 있다. 民族의 根本된 文字가
存亡의 危機에 逢着하여 呻吟하면서 困辱을 치르고 있는 것이다.
 現實的으로 漢字를 가르치지 않고 배우지 않으니 善惡과 正邪
를 區別할 思考能力을 잃고 너나 할 것 없이 멍청해지면서 無識
을 免하지 못하고 있는 것이다. 그럼에도 自滅을 自招하고 있는
結果에 대해서 이렇다 할 危險을 意識하거나 自覺하지 못하고 계
속하여 民族의 文字와 文化를 抹殺하고자 愚昧한 억지를 부리고
있는 것이다.
 우리의 漢字가 우리 民族의 固有한 文字가 이니고 中國에서 輸
入된 外來文字인 게 事實인가 먼저 考察되어야 할 것이다.
 東洋의 文字인 漢字가 中國大陸의 中原에서 起源되고 發達되
어 民族의 移動과 더불어 四方으로 퍼져간 일은 否認되지 않는
事實일 것이다. 그에 대해서는 異論의 여지가 없다 할 것이다. 그
렇다면 우리 民族은 어느 때부터 漢字를 使用하여 왔을까.
 箕子朝鮮의 起源과 三韓 推考에서 이제까지 考證된 대로 우리

民族이 大陸의 中原으로부터 移動해 온 移住民族임이 否認되지 않을 眞實일 때 漢字가 뒷날 中國으로부터 輸入된 外來文字가 아니라 民族이 移動해 오면서 함께 간직하여 온 民族의 起源과 軌를 같이 하고 있는 民族의 固有文字인 것이다. 따라서 民族의 固有文字로 認識하는 게 옳은 判斷일 것이다. 漢字에 대해서 새로운 認識을 가질 必要가 있다 할 것이다.

箕子는 殷나라 末期의 實存人物이다. 殷나라를 무너뜨린 周나라의 武王이 찾아 天地의 大道가 무엇이냐고 물었을 程度로 學問이 깊고 德望이 높았던 箕子가 武王을 忌避하여 東方의 人跡이 드문 곳으로 亡命해 올 때, 漢字도 함께 가지고 왔을 일이야 當然한 理致이고 結果가 아닐 수 없는 것이다. 그래서 朝鮮이라는 國號를 命名했고 城을 쌓아 王儉城이라는 城名을 붙였을 일이 아니겠는가.

民族의 始祖가 쓴 文字이면 當然히 民族의 文字이지 어찌 外來의 輸入文字일 수 있겠는가.

뿐만 아니라 韓나라의 東進流民들이 들어와 三韓을 세우면서 自己들이 쓰던 言語의 文字인 漢字를 갖고 와서 썼을 일이야 不問可知의 結果가 아닐 수 없는 일이다. 그런 理致는 그 누구도 否認할 수 없는 일일 것이다.

그렇기 때문에 馬韓, 辰韓, 弁韓의 國號로 남겼을 것이다. 三韓

時代의 文字가 記錄으로 남아 있지 않았다고 해서 그런 事實이나 可能性까지 否認할 수 있는 일은 아닐 것이다.

종이가 아직 開發되지 않아 대발을 엮어 記錄한 그 當時의 文字가 一般大衆한테까지 널리 普及되었을 理야 없겠지만 少數의 識者들은 써 왔을 것이다. 箕子朝鮮의 後代들이었을 高句麗나 三韓의 後代들인 新羅 百濟가 한결같이 漢字를 使用하고 있었던 歷史的 事實이 箕子朝鮮이나 三韓時代부터 漢字를 쓰고 있었다는 明白한 證據가 되며 이를 雄辯으로 뒷받침하고 있는 일일 것이다.

漢字는 東洋의 文字이다. 東洋民族은 누구나 漢字를 쓸 權利가 있고 이를 지킬 義務가 있다 할 것이다.

大陸의 中原으로부터 民族이 移動해 오면서 함께 따라온 箕子朝鮮이나 三韓의 漢字는 地理的 隔離 때문에 歲月이 흐름에 따라 自然히 中原의 漢字와 分離되는 變遷을 겪게 되었을 것이다. 言語와 더불어 漢字의 音과 뜻이 조금씩 變質되어 原來의 音과 뜻으로부터 멀어지는 獨自的이며 固有의 發達過程을 더듬어 올 수밖에 없었을 일이 아닐 수 없기 때문이다.

이런 本質의 土臺 위에서라면 우리 民族이 쓰는 漢字는 우리 民族의 固有 文字이지 中國으로부터 輸入된 外來文字로 規定되

어 排斥될 性格이 아닌 것이다. 우리의 漢字를 中國으로부터 輸
入된 外來文字로 規定해서 排斥하는 일은 虛無孟浪한 發想이요
言語道斷의 그릇된 認識이면서 倒錯된 思考가 아닐 수 없는 것이
다. 한 마디로 本質을 모르는 無識한 者의 妄言인 것이다.

　우리는 歷史의 本質을 바르게 認識하는 智慧를 가져야 할 것이
다. 箕子朝鮮이 써 온 漢字는 三千年에 肉薄하는 年輪의 歲月을
쌓아 왔으며 三韓이 써 온 漢字도 三韓의 起源과 軌를 같이 해 온
자그만치 二千三百年이라는 悠久한 歷史를 간직하고 왔다는 理
致가 되는 것이다.

　民族의 起源과 더불어 二千九百年이나 二千三百年의 悠久한
歷史를 간직하면서 固有한 體質의 發達過程을 더듬어 온 우리 民
族의 漢字가 어찌 中國에서 輸入된 外來文字일 수 있겠는가. 無
知의 所致이지 數千年의 오랜 歷史를 간직한 우리의 漢字가 中
國의 外來文字라고 排斥되고 不過 五百餘年밖에 되지 않은 한글
만이 굳이 우리 民族의 文字라 强辯되면서 우길 性格은 아닐 것
이다.

　主客이 顚倒되어도 분수가 있지 한글만이 우리 文字이고 漢字
는 우리 民族의 文字가 아니라는 主張이나 發想은 一顧의 價値조
차 없는 억지가 아닐 수 없는 것이다. 牽强附會의 억지도 이보다
더 甚할 수 없기 때문이다.

우리 體質에 同和되고 固有의 音과 뜻을 간직한 우리 民族이
쓰는 漢字와 한글은 다 같이 우리 民族의 固有文字인 것이다. 漢
字에 대해서 이렇다 할 知識을 갖고 있지 않은 無識하고 無知한
사람이 함부로 나서서 亂刀질하여 民族의 貴重한 文字와 文化를
抹殺하고 亡칠 일이 아닐 것이다.

　　訓民正音에서도 分明하게 밝히고 있는 일이지만 漢字의 理解
를 돕고 글을 알기 쉽게 하기 위한 必要에서 한글은 發達하기 시
작했다. 漢字와 한글은 當然히 두 文字의 輔車相依에 의한 相扶
相助의 過程에서 發達되어 왔어야 正道의 길이고 옳았던 일이다.
　　그렇다면 漢字와 한글을 混用 並行해서 使用하지 않고 漢字 一
邊倒의 一方的 使用만을 固執하고 强要한 封建時代의 處事도 逆
行된 일로 크게 잘못된 일이 아닐 수 없는 것이다.
　　그렇지만 善惡을 分別하지 못한 채 뜻을 지니고 있지 않은 한
글만을 專用하자 부르짖고 쉬운 것만을 追求하는 요즈음의 作態
도 民族의 文字와 文化를 抹殺하고 墮落시키는 根本으로 대단히
잘못된 일이 아닐 수 없는 것이다. 銘心해야 할 일은 우리 民族의
言語 構造上 漢字나 한글 가운데 어느 한 쪽의 文字도 홀로 서서
는 제 □實을 다 할 수 없는 性格이라는 점이다.
　　겨우 한 쪽 文字의 □實밖에 할 수 없으며 文字의 모두를 收容

할 수 없는 한글만을 一方的으로 專用하자 부르짖고 强要하는 處
事는 愚昧의 極致로 참으로 어리석은 자의 危險한 發想이 아닐
수 없는 것이다. 民族의 文化水準을 亡치는 無謀한 主張이 되는
것이다.

　사람이 배우지 않으면 不學無識의 미련스러움을 免할 수 없다.
民族의 起源과 더불어 數千年동안 民族이 쓰고 가꾸어 온 民族根
幹의 文字인 漢字를 가르치지 않고 배우지 않아 모르면서 漢字無
識으로 무엇이 옳고 그른지 事物의 理致도 분간하지 못한 채, 눈
만 비비고 떴다 하면 血眼이 되어 그저 돈만을 좇아 덤벙대는 民
族으로 轉落되고 墮落한대서야 될 일이겠는가 하는 것이다.
　漢字를 모르면 先人들이 有史 以來의 悠久한 歲月동안 蓄積시
켜 놓은 珠玉 같은 知識과 智慧를 배워 나의 人格과 知識으로 할
수 없기 때문에 道理없이 無識할 수밖에 없는 일이다.
　二千字 內外의 常用漢字가 반드시 制度敎育으로 收容되어 初
等學校와 中等學校의 學年過程에서 한글과 混用 竝行시켜 가르
치고 배워서 有識하고 智慧로운 民族으로 跳躍하고 向上되어야
옳을 것이다. 잘못된 文字政策으로 배우지 않아서 基礎的 知識
이 튼튼하지 못하면 沙上樓閣의 結果를 招來할 수밖에 없을 일이
기 때문이다.
　나라의 棟樑인 어린이는 成長하는 過程에서 먼저 人格이 갖추

어져야 옳을 것이다. 人格은 歷史의 知識과 智慧를 蓄積하고 있
는 漢字를 배워야 形成될 수 있는 것이다.

一. 世上에서 가장 優秀한 우리 民族의 文字

　漢字와 한글의 輔車相依에 의한 並行文인 우리 民族의 文字가
世上에서 가장 優秀하고 훌륭한 文字가 된다는 事實이 確認되고
있다. 그러니까 漢字와 한글이 混用되어 함께 쓰이는 우리 民族
의 並行文이 이 世上에서 가장 優秀하고 훌륭한 글이라는 뜻으로
歸結된다는 것이다.
　輔車相依란 무슨 뜻이겠는가. 수레는 몸체와 바퀴가 서로 돕고
依支되어서만이 제 □實을 다하고 完璧하면서 安全하게 存立할
수 있는 것이다.
　우리 民族의 文字도 輔車相依의 경우처럼 漢字와 한글이 서로
돕고 依支되어서만이 完璧하고 效率的인 文字□實을 다 할 수 있
는 것이다.
　漢字이든 한글이든 서로 떨어진 한쪽 文字만으로는 跛行인 절
름발이의 文字에 지나지 않을 뿐 效果的이고 完璧한 文字의 機能
을 다 할 수 없는 것이다. 한글이 漢字를 補完하기 爲해 發達된
文字일 때 이건 當然한 歸結이 아닐 수 없는 일이다.

寡聞의 탓이고 燈下不明의 일이 되어서인지는 몰라도 漢字와
한글의 輔車相依에 의한 竝行文인 우리 民族의 文字가 이 世上에
서 가장 優秀한 文字라니 들어본 일도 없거니와 도대체 믿어질
일이 아니다. 그게 事實인가 하면서 今始初聞인 뜻밖의 놀라운
일이 아닐 수 없다 할 것이다.
　事實이며 조금도 誇張된 말이거나 虛荒된 主張이 아닌 것이다.
도대체 어떤 論理의 무슨 根據에 立脚해서 그렇게 歸結되는 일인
지 알아 보아야 할 것이다.
　글을 보면서 判讀과 理解가 視覺的으로 同時에 可能할 뿐만
아니라 五千年이라는 有史 以來의 悠久한 歷史가 蓄積한 人間의
모든 知識과 智慧를 간직한 漢字가 이 世上에서 가장 優秀한 文
字인 事實은 이미 널리 알려진 일이다. 識者들의 定評으로 確認
된 일이기 때문이다.
　그렇다면 漢字 一邊倒로 쓰이는 中國의 漢字가 아니고 어찌 해
서 漢字와 한글의 輔車相依에 의한 竝行文인 우리 民族의 文字가
中國의 漢字文을 제치고 이 世上에서 가장 優秀한 글이라고 主張
될 일이겠는가.
　中國의 漢字는 漢字 一邊倒로 쓰이기 때문에 글字가 지나치게
많고 難解해서 一般大衆이 배우고 理解하기가 어려운 것이다. 따
라서 배우고 使用하는 데 많은 隘路와 不便함이 따를 수밖에 없

다. 漢字 一邊倒로 쓰이는 中國의 漢字는 그러한 難点과 障碍要
因 으로 도리어 自繩自縛의 矛盾에 逢着하여 苦痛받고 있는 것이

다.

　그러한 要因 때문에 近來에 들어와서 過多한 略字를 使用하게
되어 요즈음의 中國 漢字가 漢字 本然의 位置에서 벗어나 甚하게
毀損當하고 있는 現實이 그런 事實을 雄辯으로 뒷받침하고 있는
明白한 證據가 될 것이다.
　그에 比해 뜻글자인 漢字와 소리글자인 한글이 輔車相依의 機
能을 다하면서 적절히 混合되어 쓰이는 우리 民族의 竝行文字는
배우기 사뭇 容易하면서 表現이 더욱 自由롭고 驅使하기 아주 便
利한 것이다. 長足의 發展을 거듭해 온 刮目相對의 合理的인 文
字構造가 아닐 수 없다. 誇張된 말이 아니라 他의 追從을 不許하
는 天下無比의 理想的인 文字構造인 것이다.

　日本의 文字가 漢字와 소리글자인 히라가나의 竝行文字로 우
리의 文字構造와 비슷한 文字體系이기는 하지만 우리의 文字가
좀더 體系的이고 科學的인 優秀한 構造이어서 一日之長의 發展
된 文字體系이고 構造이다 말할 수 있을 것이다.
　五千年의 歷史와 文化가 蓄積된 東洋의 文明과 더불어 이어져
온 漢字 속에는 東洋의 모든 文明에 따른 知識과 智慧가 빠짐없

이 傳承되어 있다.

有史 以來의 오랜 歷史가 蓄積시킨 東洋의 深奧한 哲理의 知識과 智慧를 남김없이 涉歷할 수 있으면서 글을 쉽게 表現할 수 있고 理解 또한 容易하게 하는 우리 民族의 竝行文字가 中國의 漢字 一邊倒로 쓰이는 難解한 文字보다 進一步의 優秀한 文字構造가 될 일은 自明한 理致가 아닐 수 없을 것이다.

他의 追從을 不許할 이토록 優秀한 文字인 우리의 漢字를 버리고 뜻을 갖고 있지 않은 半쪽 文字 口實 밖에 할 수 없는 한글만을 겨우 배워 文字의 모두를 배운 것으로 錯覺한 채 正邪의 區別도 제대로 하지 못하면서 愚昧한 行動만을 되풀이 하는 民族으로 轉落된대서야 될 일일까 하는 것이다. 倒錯된 誇大妄想도 분수가 있지 그래서야 될 일이 아닐 것이다.

모든 東洋文明의 知識과 智慧가 壓縮되어 있는 漢字를 배우지 않으면 先人들이 蓄積시켜 놓은 貴重한 文化의 智慧와 知識을 모른다는 理致가 되어 道理없이 사람이 無識할 수밖에 없을 일이다. 더 以上 어리석은 짓을 되풀이 할 일이 아니라 此際에 漢字敎育을 復元시켜 文字의 正道를 指向할 大悟覺醒이 뒤따라야 옳을 것이다.

하루빨리 二千字 內外의 常用漢字를 制度敎育으로 收容해서 가르치고 배워 民族文字의 正道와 本然의 位置가 回復되어야 할 일이다.

　孔子는 過猶不及이라 했고 過則 勿憚改라 말했다. 中庸을 벗어

난 지나친 일과 미치치 못한 일은 다 함께 옳지 않으며 잘못된 일

은 躊躇함이 없이 迅速히 고치고 改善해야 옳다는 것이다.

　民族의 固有文字인 漢字를 가르치지 않는 文字政策은 亡國的

인 暴擧이며 過誤가 아닐 수 없다.

　漢字를 가르치지 않는 어리석은 文字政策으로 國民의 모두가

漢字를 배우지 않아 모를 수밖에 없는 일이겠지만 그렇다고 漢字

를 모르는 일이 무슨 자랑이라고 한글 世代 云云하며 安逸하게

있을 일이겠는가. 모르는 無知를 배우지 않은 탓으로 合理化시킬

일은 아닐 것이다.

　國民의 各者가 漢字를 모르는 오늘의 結果를 가르치는 대로 배

웠을 뿐 나의 잘못이나 責任이 아니다라고 自慰에 머물면서 傍觀

하고 束手無策인 채 泰然하게 있을 일이 아니다. 배울 權利를 되

찾고 어떤 方便으로든지 民族文字의 根幹인 漢字는 배워야 하는

것이다.

　或者는 이렇게 말한다. " 배 부르고 등이 따뜻한 돈이면 그만이

지 漢字가 무엇에 必要한가. 漢字를 몰라도 살아가는데 아무런

支障이 없네!" 이 무슨 自己 合理化의 기가 막힐 妄發이고 妄言

인가. 돼지가 漢文字를 모른다고 해서 사는데 支障이 있을 일이

겠는가.

萬物의 靈長이라는 人間이 다른 動物과 같지 않은 理由가 무엇

인가. 다른 動物과는 달리 文明을 蓄積했고 人格을 갖춘 知識과

智慧를 가졌기 때문이다. 이 民族은 數千年동안 先人들이 가꾸어

온 民族固有의 文字인 漢字를 배워 世上에서 가장 優秀하고 훌

륭한 自己文字의 本質을 지키고 先人들이 그토록 優秀한 文字를

育成해 온 矜持를 살려가야 할 것이다. 漢字를 버리는 어리석은

文字政策으로 民族을 이토록 無識하고 愚昧하게 만들 일이 아닐

것이다.

箕 子

東方의 나라 箕子朝鮮을 建國하고 500年동안을 維持하고 存續시킬 수 있었던 기틀을 構築한 箕子는 도대체 누구이며 어떠한 人物이었을까?

箕子는 春秋時代가 始作되기 바로 直前인 지금으로부터 2900年 前에 中國大陸의 中原에 있었던 殷나라의 마지막 王이었던 紂의 諸父이었다. 그는 有名한 麥秀之嘆의 글 等을 남기면서 歷史에 記錄되어 있는 實存人物인 것이다. 그는 또한 高名하기 이를 데 없는 學者의 身分이었다.

偶然의 一致인지는 모르나 공교롭게도 그 時代로 짐작되는 아득한 古代의 東方社會에 有史 以來 처음으로 登場해서 存在한 나라가 있었으니 바로 王儉城의 箕子朝鮮이다.

그 箕子朝鮮의 領域을 처음으로 開拓하고 나라를 세운 箕子가 神話的인 說話에서 登場한 架空의 人物이 아닌 實存人物이었으며, 中國大陸의 中原에 存在했던 殷나라의 箕子와 同名異人이 아닌 同一人物이었을까 하는 것이다. 그러니까 大陸의 中原에 있었던 殷나라의 箕子가 異域萬里의 멀고 먼 東方까지 와서 箕子朝鮮을 建國하고 定着했겠느냐 하는 것이다.

여러가지 情況으로 미루어 볼 때 同一人物에 틀림 없을 것이라

는 心證이야 가지만 그러나 箕子朝鮮의 箕子와 殷나라의 箕子가

同一人物인가의 與否를 알아보고 正確히 糾明하기 爲해서는 400

年동안이나 存續했던 殷나라를 한 입에 물 말아먹고 亡친 荒淫無

道하고 極惡殘虐한 暴君으로 殷나라의 마지막 王이었던 紂라는

人物의 實態를 먼저 알아야 할 것이다. 어찌 그러느냐 하면 稀代

의 暴君이었던 紂라는 人物이 아니었던들 箕子朝鮮의 出現이나

起源은 없었을 일이기 때문이다.

箕子는 淫亂狂暴한 紂王을 狂童이라 부르고 있었지만 殷나라

의 紂王과 한 치 어그러짐이 없는 똑같은 짓의 前轍을 밟고 亡한

또 하나의 흉악한 王이 있었으니 夏나라의 桀王인 것이다. 歷史

는 이 두 사람을 合쳐서 極히 香氣롭지 못한 人物이라는 뜻에서

桀·紂라고 일컬어 온다. 똑같은 짓을 되풀이해서 亡한 惡名 높

은 標本의 桀·紂가 된다는 뜻일 것이다.

따라서 桀·紂라고 하면 天下無道한 蠻行을 저질러 歷史의 萬

世에 汚點을 남긴 淫虐狂亂의 惡名 높은 두 暴君을 말하는 것이

다. 그렇기 때문에 桀·紂는 淫亂한 暴君의 代名詞가 된다 할 것

이다.

桀은 지금으로부터 3900年 前에 나라를 세워 600年동안 存續

되었으나 3300年 前에 淫亂無道한 蠻行을 되풀이하다가 마침내

殷나라의 湯王한테 滅亡當한 夏나라의 마지막 王이다.

　紂는 夏나라의 桀王을 滅亡시키고 400年동안을 維持하고 存續시켰으나 夏나라의 桀王과 똑같은 前轍을 밟는 어리석은 짓을 되풀이하다가 지금으로부터 2900年 前에 周나라의 武王한테 滅亡當한 殷나라의 마지막 王이다.

　老子는 "天道 허물어진 곳에 仁이 있다"했다. 逆說的인 이야기 같으나 殷나라의 紂王이 暴虐한 짓을 하다가 滅亡當하는 바람에 東方에 黎明의 불빛이 밝혀지는 箕子朝鮮이 建國되고 東方의 歷史가 展開되는 嚆矢가 이룩되었다고 考證되는 것이다. 殷나라 紂王의 滅亡이 도리어 動機가 되어 箕子朝鮮이 起源되고 東方이 열리면서 우리 民族의 古代歷史가 展開되기에 이르른 것으로 認識되기 때문이다.

　따라서 殷나라를 亡친 紂王하고 箕子朝鮮을 起源시켜 開國한 箕子하고는 不可分의 關係에 있다 할 것이다. 東方民族을 起源시킨 觀點에서 볼 때 紂王의 滅亡이 도리어 轉禍爲福의 契機가 되었다고도 말할 수 있을 것이다.

　그러니까 中原에 있었던 殷나라의 箕子와 箕子朝鮮을 開國하고 東方民族을 起源시킨 人物은 同名異人이 아닌 同一人物이 된다는 뜻이 되는 것이다. 事實인가 確認해 보기로 할 것이다.

桀과 紂는 똑같은 暴君으로서 400年이라는 時空을 뛰어넘는 時代的인 差異는 있으나 희한하게도 여러가지 面에서 難兄難弟라 할 共通된 類似点을 갖고 있다.

　歷史的으로 너무나 잘 알려져 있는 이야기이지만 桀은 妹喜, 紂는 妲己라는 傾國之色의 두 美姬인 표독스런 女人의 치마폭에서 놀아나고 酒池肉林 炮烙의 刑 等 淫亂無道하고 天人共怒할 온갖 못된 橫暴와 蠻行을 똑같이 저지른 暴君이다. 그들은 끝내 나라를 송두리채 물 말아먹고 滅亡當한 夏나라와 殷나라의 마지막 王들인 것이다.

　酒池肉林은 잘 알려져 있는 너무나 有名한 故事成語이다. 땅을 파서 술을 담은 연못을 만들어 놓고 그 둘레에다 빙 둘러가며 乾脯라는 말린 고기로 숲을 이루게 하여 걸어놓도록 하는가 하면 술을 가득히 채운 연못 위에 배를 띄워놓고 놀았던 일을 말하는 것이다. 놀아도 그냥 平凡하게 노는 게 아니라 풍신들이 眼下無人이면서 目不忍見의 미친 지랄을 하고 노는 것이었다.

　數많은 童女 童男들을 발가벗겨서 裸體의 몸으로 술을 퍼 마시게 하고 고기를 뜯어 씹도록 하여 흠뻑 醉하게 만든 다음 온갖 狂亂의 짓을 되풀이시켰다니 얼마나 寒心한 일이었겠는가? 계집과 더불어 이런 光景을 求景하면서 喜喜樂樂 즐거워 하다가 이윽고 興奮하면 淫亂의 짓을 서슴치 않았다니 破廉恥한 짓이 아닐 수 없었을 것이다.

炮烙의 刑이란 "王된 者 政治를 外面하고 等閑히 한 채 許久한 날 傾國之色의 美姬와 酒池肉林 속에 파묻혀 나날을 보낸다면 天道인들 無心할 일이겠는가? 이러시면 百姓들은 塗炭에 빠지고 나라는 거덜이 나면서 亡할 수밖에 없는 일이다. 제발 邪道에서 깨어나 精神을 차리고 바른 政治를 이끌어 가도록 해달라고 간곡히 請하면서 諫하는 어진 臣下들을 잡아다가 주리를 트는 酷毒하고 無慈悲한 刑罰을 加하는 것을 말한다."

刑罰을 加해도 주리를 틀고 마는 程度의 그저 例事롭게 加해지는 性質의 刑罰이 아니었다. 人面獸心의 夜叉인지 人間의 탈바가지를 뒤집어 쓴 者로서는 도저히 저지를 수 없는 苛酷하기 이를 데 없는 慘酷한 刑罰을 加하는 것이었다.

요즈음 사람들의 常識에서는 도저히 想像조차 할 수 없는 일이지만 구리기둥에 미끄러운 기름을 발라서 걸어놓고 그 밑에 벌겋게 이글거리는 숯불을 피워놓은 채 기어오르게 强要하는 것이다.

구리기둥으로 기어오르다가 떨어져 피어 오르는 숯불에 타죽는 悽慘한 光景을 보고 계집과 더불어 呵呵大笑 爆笑를 터트리며 즐거워 했다는 故事는 너무나 有名한 일로 잘 알려진 사실이다. 바베큐의 起源이 여기에서 由來되지 않았을까 疑心스러우면서 錯覺될 程度이지만 이 얼마나 소름끼칠 끔찍한 일이고 天人共怒

의 惡毒하기 끝이 없을 暴君이던가?

그 때 殷나라의 紂王 앞에 나가 죽음을 무릅쓰고 諫한 말에 저
有名한 殷鑑不遠이라는 또다른 故事成語가 있다.

殷鑑不遠은 殷나라가 잊지 않고 龜鑑으로 해서 경계해야 할 일
이 不過 400年 前의 그리 멀지 않는 夏나라의 桀王때에 있었는데
어찌 그런 愚昧한 짓의 前轍을 되풀이 해서 밟고 나라를 危殆롭
게 하여 亡치려고 하십니까 하는 뜻이다.

뒷날 周나라의 文王으로 聖君이라 일컬어진 西伯을 비롯하여
어진 臣下들의 간곡한 諫言이 있었음에도 不拘하고 殷나라의 紂
王은 改過遷善은 고사하고 蠻行을 되풀이 하다가 周나라의 武王
한테 끝내 滅亡當하고 말았다.

그토록 惡辣하고 荒淫無道한 橫暴를 거듭 되풀이 하면서 滅亡
當한 殷나라의 紂王하고 東方으로 와서 箕子朝鮮을 建國하고 우
리 東方民族을 起源시킨 箕子하고는 뗄려야 뗄 수 없는 不可分의
깊은 關係에 있었던 것이다.

一. 殷나라에 세 어진 사람이 있었다

箕子보다 約 400年 後에 태어난 人物이지만 論語라는 이름인
儒學의 泰斗요 聖人인 孔子는 "殷에 三仁인 있다"하면서 사뭇 感

歎하고 있었다. 殷나라에 세 어진 사람이 있다면서 사뭇 놀라워

하고 있었던 것이다.

　　孔子가 말한 어진 그 세 사람이 果然 누구였을까? 微子, 箕子,

比干이라는 세 사람을 指稱하고 있었던 것이다. 孔子가 말한 殷

나라의 어진 세 사람 가운데의 한 사람이 東方의 우리 民族이 氾

然히 보아 넘겨서는 안 될 箕子 바로 그 사람이었던 것이다.

　　孔子가 어진 사람이라 말한 이 箕子가 果然 東方으로 와서 처

음으로 黎明의 빛을 밝혀 箕子朝鮮을 開國하고 우리 東方民族을

起源시킨 張本人일까 하는 것이다. 中原에 있었던 殷나라의 箕子

가 東方으로 와서 箕子朝鮮을 開國하였는가의 眞實與否는 차차

가면서 밝혀지게 될 것이다.

　　孔子가 말한 三仁 가운데의 한 사람인 微子는 못된 紂王의 同

腹兄이었다. 그는 自己한테 돌아올 王位조차도 싫다 辭讓하고 오

직 學問에만 沒頭해서 精進한 사람인 것으로 보인다. 序列上으로

當然히 王位를 承繼할 權利를 갖고 있었을 일임에도 不拘하고 그

런 權利를 포기하고 拒否한 채 王位에 오르지 않았다.

　　이름字의 아래에 先生이라는 뜻으로 오직 高名한 學者한테만

붙여지는 尊稱인 子字가 붙어있는 微子라는 이름이 王位 같은 權

勢는 眼中에도 없고 오로지 學問만을 追求해서 精進한 於間의 事

情을 잘 말해 주면서 그런 事實을 明確하게 示唆해 주고 있는 것이다.

　箕子도 그 이름에서 미루어 볼 때 오직 學問만을 探究하고 精進했던 學者인 것으로 보이지만 놀랍게도 紂王의 諸父라고 記錄되어 傳해져 오고 있다. 生疎하기만한 이 諸父라는 말이 도대체 무슨 뜻일까?

　諸父라고 하면 집안의 아버지 行列되는 어른을 말하는 것이다. 작은아버지나 큰아버지도 될 수 있고 堂叔도 될 수 있는 것이다.

　諸父라는 記錄만을 갖고서는 箕子가 紂王의 三寸 叔父가 되었던 것인지 아니면 堂叔인 五寸 아저씨가 되었는지 確然히 분간할 方法이 없지만 아무튼 箕子는 紂王의 가까운 웃 어른의 地位였던 것으로 보인다. 작은 아버지가 아니면 堂叔이었던 것으로 짐작되지만 여러가지 情況으로 미루어 볼 때 작은 아버지인 三寸이었던 것으로 짐작된다.

　注目하지 않으면 안 될 일은 箕子가 亡한 殷나라의 王族이었다는 事實인 것이다. 箕子가 東方으로 오게 된 理由도 王族의 身分과 關係가 있었던 것으로 보이는 것이다.

　比干은 王子이었다. 그 當時는 數많은 나라가 있었기에 比干이 어느 나라의 王子이었는지 確認할 길이 없으나 左右間 比干은 王

子의 身分이었다. 혹시 天下의 못된 紂王의 아들이었는지도 모를

일이다.

微子는 同腹 동생인 紂王의 暴擧를 極力 挽留하고 善政을 베풀

도록 거듭 勸하고 諫했으나 끝내 듣지 않자 未然에 닥치게 될 죽

음의 禍를 避하여 멀리 國外로 亡命하여 겨우 목숨을 부지하고

있었다고 한다.

箕子도 여러 方面으로 助言하고 諫했으나 이 荒淫無道한 爲人

이 끝내 말을 듣지 않고 날로 狂的인 橫暴가 甚해지자 목숨이 風

前燈火格으로 危殆로워져 할 수 없이 國外로 亡命하였다. 그는

머리를 풀어헤치고 狂人行勢를 하면서 지냈으며, 끝내 奴隷의 身

分으로까지 轉落되고 말았다고 한다.

比干은 哀惜하게도 紂王의 蠻行을 諫하다가 제 精神이 아닌 이

미친 爲人한테 無慘히 가슴을 찢기어 그만 죽었다고 記錄되어 있

다. 죽음을 무릅쓰고 諫한 것으로 미루어 보아 比干은 못된 紂王

의 아들이었음이 分明한 것으로 보인다.

去頭切尾하고 結果부터 말한다면 箕子는 東方으로 와서 처음

으로 빛을 밝히고 箕子朝鮮을 開國하였으며 東方民族을 起源시

킨 始祖로 中原出身인 殷나라의 王族이었던 것이다. 그가 걸어온

발자취를 더듬어서 考證하고 類推해 볼 때 中原의 殷나라 出身인

箕子가 멀리 東方으로 와서 箕子朝鮮을 開國하고 東方民族을 起源시킨 張本人에 틀림없는 것으로 推理되면서 確信하게 되는 것이다.

BC 900年인 2900年 前이라면 아득한 옛날이 아닐 수 없다. 古代의 그 時代에 箕子가 어떻게 大陸의 中原인 殷나라에서 山을 넘고 바다를 건너 멀고 먼 東方의 半島까지 와서 王儉城이라는 城을 쌓고 箕子朝鮮을 開國하였을까? 놀라운 開拓史가 아닐 수 없어서 綿密히 檢討하고 그가 더듬어 왔을 荊棘의 路程을 考證해 보아야 할 것이다.

事物이 일어난 結果에는 반드시 그럴만한 나름대로의 原因과 動機가 있었을 일이다. 箕子가 東方으로 오지 않으면 안 될 切迫한 事情이 무엇이었으며, 그가 東方으로 와서 箕子朝鮮을 開國하고 起源시키게 된 原因과 動機가 무엇인지 正確하게 糾明되어야 할 일일 것이다. 그가 더듬어 온 行路의 旅程이 바르게 照明되고 明確하게 糾明되어서 提示되어야 할 일이 앞으로의 課題가 아닐 수 없는 것이다.

一. 麥秀之嘆

花無 十日紅이요 權不 十年은 變치 않는 하늘의 理致이면서 萬

古의 眞理이기도 할 것이다. 妲己라는 稀代의 妖婦인 계집의 치마폭에서 헤어나지를 못한 채 荒淫無道한 온갖 蠻行과 橫暴를 거듭 저질러 오던 殷나라의 紂王도 天道 無心치 않아 運이 그만 다했던지 드디어 周나라의 武王한테 滅亡當하고 말았다.

그 때가 周나라의 殷나라에 대한 下剋上의 行爲를 不義이다, 挽留하다가 周나라의 武王이 듣지 않자 나라와 모든 身分을 버리고 首陽山에 들어가 고사리를 캐먹으면서 延命하다가 끝내 굶어 죽은 伯夷와 叔齊가 生存했던 時代이다. 또 때를 기다린다는 뜻인 姜太公의 곧은 낚시로 有名한 太公이 登場한 時代로 지금으로부터 2900年 前이 되는 것이다. 春秋時代가 始作되기 바로 直前이어서 箕子朝鮮이 登場하게 된 正確한 年代가 될 것이다.

無所不爲의 天下無道한 못된 짓만을 골라가며 저지른 紂王을 치고 殷나라를 滅亡시킨 周나라의 武王이 深奧한 學問으로 高名하기 이를데 없었던 箕子를 몸소 찾아 "天地의 大道가 무엇이냐"고 물었다. 그 記錄이 歷史에 남아 傳해 오고 있는 것이다. 箕子는 그만큼 學問이 出衆하고 名聲이 높았던 學者이며 哲學者이었던 것으로 보인다.

箕子는 麥秀之嘆이라는 글을 남겨 놓고 있으며 그 글이 累代로 이어져 傳해 내려오고 있다. 麥秀之嘆의 글에서 箕子는 紂王을 미친 아이놈이라는 뜻인 狡童이라고 表現하고 있음을 보게 된다.

諸父의 位置에서 紂라는 이 狡童의 어리석은 蠻行을 沮止하지 못한 채 나라를 잃고 千秋의 恨을 남긴 箕子가 무슨 面目으로 할 말이 있다고 "天地의 大道가 무엇이냐"고 묻는 武王의 質問에 對答할 수 있었겠는가? 箕子는 天地의 大道가 무엇이냐는 武王의 물음에 대하여 마지 못해서 百姓을 아끼고 따뜻하게 보살피는 일이 天地의 大道가 될 것이라고 겨우 對答했을 것이다.

箕子가 남겨 놓은 麥秀之嘆이라는 글은 故事成語로 定着되어 2900年이라는 悠久한 歲月동안 綿綿히 이어져 傳해 오고 있다. 箕子의 글에서 由來되고 있는 麥秀之嘆은 亡國之歎이라는 뜻으로 나라가 亡한 것을 恨歎한다는 意味인 것이다.

酒池肉林 炮烙의 刑 殷鑑不遠과 더불어 麥秀之嘆의 故事成語는 참으로 오랜 歷史를 간직하고 있는 것이다.

失意에 빠진 채 나날을 보내던 箕子가 어쩌다 지난 날 華麗하고 繁盛했던 殷나라 때의 옛 都邑地인 首都近處를 지나게 되었던 것으로 보인다. 바라보니 지난 날에는 그토록 華麗했던 榮華의 발자취는 간 곳이 없고 城은 허물어져 廢墟가 된 채 그 자리에는 오직 보리 等 곡식만이 茂盛하게 자라고 있었다. 폐허의 荒城을 보고 悲痛한 나머지 歎息이 절로 나오지 않을 수 없었던 모양이다. 錯雜한 感懷에 젖어 서글픈 나머지 그는 麥秀之嘆이라는 다음과 같은 글을 적어 남기고 있는 것이다.

麥秀之嘆 … 麥秀漸漸兮 禾黍油油 彼狡童兮 不興我好兮 … 文字가 發達되기 시작한 2900年 前의 古文이 되어서 現代的인 感覺의 文章하고는 時代的인 距離에 따른 差異가 있을 수밖에 없겠지만 다음과 같이 解釋될 수 있을 것이다.——옛날의 華麗했던 王都의 발자취는 간 곳이 없고 그 자리에는 오직 보리만이 茂盛하게 자라고 있구나! 벼와 기장도 쑥쑥 자라고 있다. 저 미친 어린 놈이 나의 간곡한 말과 忠告를 그리도 귀담아 듣지를 않더니 끝내 그 꼴이 되어 나라를 亡치고 말았다.

箕子는 紂王의 그 어린 미친 놈이 죽임을 當한 일이야 그가 미욱하고 못된 짓을 저지른 代價이자 自業自得의 因果應報인 當然한 歸結로써 何等 同情의 餘地가 있을 수 없는 일로 생각되었을 것이다.

그러나 이 되지 못한 狡童으로 해서 天下의 上國이었던 殷나라가 亡하게 된 일은 못내 아쉬운 일이 아닐 수 없었던 모양이다. 땅을 치고 痛哭해도 시원치 않을 千秋의 恨이 되었던 것으로 보인다. 箕子는 麥秀之嘆이라는 글을 남겨 悔恨의 그런 心情을 읊어 歎息하고 있었던 것이다.

箕子의 이 글에서 由來하여 麥秀之嘆은 나라를 잃은 것을 恨歎한다는 亡國之歎의 뜻으로 쓰이며 傳해져 오고 있다. 한 가지 特

異한 일은 2900年 前의 그 時代에 이미 벼가 넓리 栽培되고 있었
다는 事實을 麥秀之嘆의 글에서 엿볼 수 있다는 点이다.

　　여기에서 箕子가 남긴 麥秀之嘆의 글 속에 있는 狡童의 狡字에
대하여 敷衍해서 說明할 必要性이 있는 것으로 생각된다. 約 800
年 後의 이야기가 되겠지만 楚나라의 項羽를 이기고 天下를 統一
한 漢高祖 劉邦한테 붙잡혀 억울한 죽음을 當한 韓信이 남긴 有
名한 말에 狡兔死 走狗烹이라는 다음과 같은 글이 있다.
　　果若人言 狡兔死 走狗烹 高鳥盡 良弓藏 敵國亡 謀臣死 天下已
定 我固當烹----과연 사람들이 일러오던 말이 맞다. 교활한 토끼

가 죽으니 이를 쫓아 달리던 개는 쓸모없게 되어 잡혀 삶아지게

된다. 높이 날던 새가 없어지면 좋은 활도 처박혀 묻혀지게 된다.

적국이 망해 없어지고 나면 머리를 짜고 싸우던 신하는 쓸모없게

되어 도리어 죽임을 당한다. 천하의 이치가 이렇게 이미 정해져

있는데 항우가 망한 마당에 모신 이었던 내가 잡혀 개처럼 죽임

을 당하는 일이 오히려 당연한 일이 아니겠는가?
　　狡兔死 走狗烹 … 狡猾한 토끼가 죽으니 이를 쫓아 달리던 개
는 더 以上 쓸모가 없게 되어 잡혀 삶아져 죽임을 當한다.—의 글
에서 보이는 바와 같이 狡字는 主로 교활하다는 뜻으로 쓰이고
있다. 그러나 아주 옛날엔 미쳤다는 뜻인 狂字와 同義語로 쓰이

고 있었던 것으로 보인다.

　따라서 麥秀之嘆의 글 속에 있는 狡童은 狂童이라는 뜻으로 解釋되어야 옳을 것이다.

一. 箕子의 行方

　箕子는 麥秀之嘆의 글을 마지막으로 남긴 채 中原의 歷史에서 忽然히 자취를 감추고 말았다. 그가 蹤迹도 없이 갑자기 사라지고 없어진 것이다. 도대체 그가 어디로 가고 行方이 杳然해진 것일까?

　箕子는 荒廢한 殷나라의 都邑地였던 荒城의 자취를 보고 나자 마음이 더욱 散亂하고 울적해져서 아팠던 모양이다. 悔恨으로 견딜 수 없었던 것으로 보인다.

　못나고 미욱하기만 했던 狂童인 紂王으로 해서 나라를 잃은 암담하기만한 이 땅에서 더 以上 살고 싶지 않았던 일이 아니었을까 생각되는 것이다. 도저히 살고 싶지 않았던 切迫한 心情이었던 것으로 보인다.

　於此彼 진작에 죽었을 몸인데 지금까지 살아 목숨이 扶支된 일이 아니겠느냐. 이제까지 살아남도록 한 일도 하늘의 뜻일지니 함부로 해서는 안 될 목숨일 것이다. 그렇다면 어떻게 해야 할 것

인가? 마음이 사뭇 錯雜하지 않을 수 없었을 일이었던 것으로 보인다.

이 切迫하기 그지 없는 心情에서 箕子는 죽든 살든 間에 이 땅을 떠나고 싶었고 亡國의 땅이 아닌 未知의 땅을 찾아 定着하고 싶었을 일임에 틀림 없었을 것이다. 우선 亡國의 땅을 忌避하고 싶었고 새롭게 앞날을 開拓해서 살 希望의 땅을 찾고 싶었을 것이다.

앞날을 期約할 수 있는 確實한 展望이 있는 일은 아니지만 未來의 運勢야 하늘의 뜻에 맡기고 定處없는 길을 忽然히 떠난 일이 아니었을 것인가? 그런 理由로 中原에서 箕子의 行方이 사라지고 그의 行跡이 杳然해진 것으로 보인다.

간다면 어디로 가야 할 것인가? 東西南北인 東夷 西戎 北狄 南蠻땅의 어느 곳으로 方向을 選擇해서 떠나야 할 것인가? 몹시 망설였을 것이다.

箕子는 茫然自失인 채 하늘을 우러러 쳐다보고 땅을 굽어 四方을 둘러보며 주저주저 망설이면서 생각했을 것이다. 누가 그들을 반겨줄 것인가? 아무도 그들을 반겨줄 사람이 없는 낯설고 물설은 未知의 땅을 찾아가는 일이 여간 困惑스럽고 난감한 일이 아닐 수 없었을 것이다.

이윽고 그는 골똘히 생각하면서 決心을 굳힌 채 東夷땅의 東쪽을 向해서 家族을 데리고 뜻을 같이 하는 사람들과 함께 떠난 것으로 보인다. 豫期한 일은 아니지만 마침내 그들 一行은 東方을 開拓할 壯途에 오른 것으로 보인다.

〈童蒙先習〉의 文獻에는 周나라의 武王이 箕子를 東方으로 보내서 다스리게 했다고 記術되어 있으나 斷然고 事實이 아닌 것으로 생각되는 것이다. 於間의 事情을 잘 모르고 後代에 記錄된 文獻이라, 그렇게 表記되어 있을 뿐, 箕子는 周나라의 武王에 依한 指示에서가 아니라 스스로의 意志와 意思에 따라 東쪽을 向해서 왔고 애당초 期約하고 目的한 일은 아니지만 結果는 바다를 건너 東方으로 오게 된 것으로 判斷되는 것이다.

그 時代는 天下 統一時代가 아니고 諸侯國으로 亂立되어 걸핏하면 下剋上이 저질러지던 어지러운 때이어서 殷나라를 무너뜨린 周나라도 極히 制限된 領域을 다스리는 데 머물러 있었던 것이다. 周邊도 다스리기 힘든 때에 어디에 있는지조차도 전연 알려져 있지 않았던 東方인 箕子朝鮮의 領域까지 箕子를 보내 다스리게 했다는 말이 常識에 어긋나는 語不成說의 論理가 되는 것이다.

더구나 箕子는 武將이 아닌 學者이고 殷나라의 王族이었는데

追放이라면 모를까 그를 보낼 條件에 合當하지 않으며 事理에 어긋나는 말인 것이다. 周나라의 武王이 箕子를 東方으로 보낼 어떠한 名分도 成立되지 않기 때문에 武王이 箕子를 東方으로 보내 다스리게 했다는 말은 事實이 아닌 일이 分明한 것이다.

　아닌 밤중의 홍두깨格으로 느닷없이 앞에서 말하고 나온 東夷 西戎 北狄 南蠻이 도대체 무슨 뜻일까? 東夷 西戎 北狄 南蠻에 대해서 解明해야 할 必要性도 있을 것으로 생각될 뿐만이 아니라 東夷에 대한 具體的인 說明이 加해지지 않으면 안 될 것으로 여겨지는 것이다. 東夷에 대해서 사람들이 잘못 認識하고 또 잘못 理解하고 있는 것으로 보이기 때문이다.

　지금은 社會의 指彈을 받고 잘 通用되지 않고 있는 것으로 보여 多幸한 일로 생각되지만 얼마 前까지만 해도 自己民族의 固有 文字인 漢字를 배우지 않아 모르는 漢字에 無識한 一部 사람들이 東夷가 무슨 뜻인지도 모르면서 우리는 東夷民族이다 하며 떠벌리고 다닌 때가 있었다. 東夷民族이 무슨 큰 자랑거리라도 되는 듯이 스스로를 東夷民族으로 自處하면서 矜持로 삼고 있었던 것이다.

　無知도 이에서 더 할 수 없으며 누워서 침을 뱉는 格의 웃지 못할 喜劇이 아닐 수 없는 일이다.

東夷民族이라 함은 東쪽의 未開한 오랑캐라는 뜻으로 無知하
고 未開한 野蠻人을 蔑視하는 뜻이기 때문에 조금도 자랑할 일이
못되는 것이다. 사람들은 무엇인가 크게 誤解하고 錯覺해서 잘못
認識하고 있는 모양 같은데 사실은 우리가 東方인 東쪽에 살고
있기는 해도 우리하고 東夷民族하고는 아무런 相關關係가 없는
것이다. 따라서 東夷民族을 自處할 아무런 理由가 없는 것이다.

　앞으로 가면서 차차 알게 되겠지만 東方의 우리 民族은 漢字의
文字가 發明되고 東洋文化를 發祥시킨 中原의 한복판에서 箕子
를 따라 移動해 온 民族인 것이다. 우리는 東夷民族과 아무런 關
係가 없으며 東夷民族이 아니니까 이 点을 分明히 짚고 넘어가야
옳을 것이다.

　東夷 西戎 北狄 南蠻은 大陸의 中原地帶에서 古代의 오래 前부
터 쓰인 말이다. 禮記에 있는 말이니까 모르긴 해도 4000年의 以
前부터 쓰였던 말이 아니었을까 생각되는 것이다.

　漢文字의 偉力은 하늘같이 大端히 크고 偉大하기만 했다. 動物
의 原始生活을 하던 人間이 처음으로 文字인 漢字를 發明하고 점
차 四方으로 퍼져 폭넓게 쓰이게 되면서 漢文字의 文化가 形成되
기 시작한 中原의 中心地帶에서는 漢字의 文化가 普及되지 않고
漢字를 모르는 사람은 人間같지가 않았던 모양이다. 漢字를 모르
는 邊方의 無知하고 未開한 사람들은 오직 動物에 지나지 않을

뿐 도시 人間같이 보이지 않았으며 사람으로 取扱도 하지 않은
채 賤視하고 輕蔑했던 것으로 보인다.

原始生活을 하던 人間이 動物生活의 領域을 벗어나 처음으로
文字를 發明해서 使用하고 文化發展에 따른 知識을 갖게 되고 蓄
積하게 되었다면 이 얼마나 대견스러운 일이었을 것인가? 자랑
스러우면서도 大端히 큰 自負心과 矜持를 갖게 된 일이었을 것이
다. 오죽했으면 그 文字를 하늘같이 크다는 뜻인 漢字로 命名하
고 重視해서 表記했을 일이겠는가? 充分히 理解되고도 남음이
있는 일이다.

그래서 漢字가 처음으로 發明되어 普及되고 文化가 形成되면
서 發達하기 시작한 中原의 中心地帶에서는 文字를 안다는 일이
큰 자랑이 되었을 것이다. 自然히 그곳 中心地의 領域을 벗어난
東쪽의 邊方에 사는 사람들은 文字도 모르는 無識하고 未開한 東
쪽의 오랑캐族이라는 뜻으로 東夷라 불렀다.

天地와 世上은 四方이 있는 법인데 唯獨 東쪽만으로 局限되어
蔑視와 賤視의 말이 使用되었을 일은 아니었을 것이다. 衡平의
原理에 따라 自然히 東西南北을 向한 西戎 北狄 南蠻의 呼稱이
따르게 되었을 일이다.

東夷는 그렇다 치고 그러면 西戎은 또 무슨 뜻이겠는가? 西쪽
은 兵仗器나 어깨에 메고 다니면서 어슬렁거리는 도깨비 같고 鬼

神 같은 오랑캐族이라는 뜻으로 西戎이라 불린 것이다. 西쪽 山

岳地帶를 聯想하고 意識해서 그런 想念을 가질 법도 했을 것이

다.

　北쪽은 말을 타고 몰고 다니면서 飛虎같이 달려 노략질이나 일

삼는 이리떼 같은 오랑캐族이라 해서 北狄이라 일컬어지고 있었

던 것이다. 北狄은 一名 北胡라고도 불렸다.

　南쪽은 더운 地帶의 게으른 野蠻人이라는 뜻인 南蠻으로 呼稱

되고 있었다.

　古代는 漢文字의 發祥地요 文化가 發達하기 始作한 中原의 中

心地帶를 조금만 벗어난 邊方도 文字를 모르는 無知하고 未開한

오랑캐族으로 取扱해서 無條件 東夷 西戎 北狄 南蠻으로 呼稱되

고 있었던 것이다.

　그러나 無知와 未開로 認識된 邊方에 대한 이 槪念도 그 後 漢

文字가 점차 四方으로 퍼져 넓게 普及되고 漢字 文化圈의 領域이

넓게 擴大되어 形成된 後代에 가서는 그런 나쁜 認識의 卑下槪念

도 稀薄해지고 없어지게 되었다.

　그러니까 東夷 西戎 北狄 南蠻의 卑俗語는 같은 中國內의 좁은

領域인 範圍에서 쓰인 말인 것이다.

　孟子때의 다음과 같은 글이 傳해 오고 있는데 그 글이 東夷 西

戎 北狄 南蠻의 呼稱이 같은 中國內의 좁은 領域인 範圍에서 쓰이고 있었던 於間의 事情을 잘 말해 주고 있음을 如實히 나타내고 있다.

孔子는 東夷 出身이고, 周나라의 武王 다음 代의 聖君으로 일컬어진 文王(西伯)은 西戎 出身이다. 東西間으로 萬里를 떨어져서 位置하고 있으나 東夷와 西戎의 그런 땅에서 聖人이 나고 聖君이 나오고 있다.——이 글로 미루어 볼 때 東夷 西戎 北狄 南蠻의 呼稱이 같은 中國內의 領域에서 通用되고 있었음을 알게 되는 것이다.

사실 東夷 西戎 北狄 南蠻의 呼稱이 쓰이던 古代의 그 當時는 우리 나라인 東方은 사람이 살고 있지 않았다. 어느 곳에 位置하고 있는지조차 전혀 알려지지 않았던 땅이었던 것이다.

사람이 살고 있지 않았던 前人未踏인 未知의 땅이었으며, 어디에 存在하고 있는지조차 모르고 全然 알려져 있지 않았던 未知의 領域에서 箕子가 간 나중에서야 비로소 사람이 살게 되고 民族이 起源된 우리 民族과 東夷하고는 사실 아무런 關係가 없는 것이다. 우리 東方民族은 그 글이 있고 난 훨씬 뒤에서야 誕生되었기 때문이다.

그러나 後世에 들어와서는 東夷 西戎 北狄 南蠻의 좋지 못한 概念과 呼稱을 엉뚱하게도 中國 밖인 邊方의 周邊國으로 내몰고

轉嫁시킨 傾向이 있는 것이다. 魏의 東夷傳은 東方의 우리 民族을 東夷族으로 卑下시키고 있는 것이다. 이는 自己自身들을 美化시키기 爲한 放恣한 發想에서 비롯된 것이겠지만 歷史를 歪曲한 것으로 事實이 아닌 것이다.

一. 箕子는 東쪽을 向하여 出發했다

箕子는 汚辱으로 點綴되고 悔恨으로 얼룩져 가득찬 亡國의 땅에서 더 以上 살고 싶지 않았던 것으로 보인다. 떠나야지――恨 많고 怨恨서린 땅을 떠나 간다면 도대체 어느 곳을 찾아가야 할 것인가? 그는 적이 망설이며 생각했을 것이다.

箕子는 四方을 둘러보고 드디어 決心을 굳힌 채 東夷땅으로 알려진 東쪽을 向해서 無酌定 出發을 재촉했던 것으로 보인다. 앞날의 運이야 하늘에 맡기고 해가 떠오르는 東쪽을 希望으로 해서 떠났을 것이다.

그런데 아무리 해가 떠오르는 東쪽이 希望을 상징하고 있다 해도 그렇지 허구 많은 땅을 外面하고 하필이면 어찌 東夷땅인 東쪽을 택하여 그는 出發했을까?

멀리 떠나면 어차피 모두가 낯선 未知의 땅이 아닐 수 없겠지만 긴 槍인 兵仗器를 어깨에 메고 어슬렁거리는 도깨비 같은 未

開人이 出沒하는 西戎인 西쪽의 山岳地帶는 그들이 가서 살 만한 곳이 못되었을 것이다.

한편 말을 타고 草原을 누비며 휘젓고 다니면서 쏜살같이 달려와 노략질이나 일삼는 이리떼 같은 오랑캐族한테 자칫 逢變이나 當하기 쉬운 北狄의 北쪽 땅은 酷寒이 몰아치는 추운 곳이기도 해서 더욱 가기 힘들었을 것이다.

그렇다면 南쪽 向을 考慮해 보았었을 수도 있었겠으나 南蠻땅은 더운 地方이기도 하고 한편 온갖 벌레들한테 시달릴 것으로 생각되어 忌避되었을 것이다.

於此彼 이렇다 할 知識이 없는 未知의 땅을 찾아가는 일은 마찬가지이겠지만 그래도 갈 만한 곳은 自身들이 살던 고장과 氣候나 여러가지 條件이 비슷하고 따뜻할 것으로 여겨지는 東夷땅인 東쪽밖에 없었던 것으로 여겨지는 것이다. 어떻다 할 앞날의 期約이야 기대할 수 없었지만 故鄕땅을 버리기로 作定한 箕子 一行은 山을 넘고 江을 건너 東쪽을 向하여 默默히 길을 재촉했을 것이다.

어느 程度의 食糧이야 準備해서 떠났겠지만 풀뿌리와 山열매나 과일로 延命하며 얼마나 오랜 苦行의 길을 걸었을까? 긴 艱難辛苦 끝에 이윽고 그들이 當到하게 된 곳은 아마도 東夷땅의 끝

에 해당되는 東쪽의 바닷가였을 것이다. 모르긴 해도 그들 一行
은 지금의 山東半島의 最東端인 海岸地帶에 이르게 되지 않았을

까 생각되는 것이다.

어찌해서 그들은 陸地로 連結된 北路를 回避하고 東쪽 行만을
한사코 固執했을까? 初志一貫의 意志를 貫徹시키자는 뜻도 作用

했겠지만 그 곳에 바다가 가로막고 있어 길이 막혀 있을 줄이야

미처 생각하지 못한 일로 모르고 있었기 때문이었을 것이다.

그 뿐만이 아니라 그들이 陸地로 連結된 北쪽을 選擇할 수 없

었던 일은 北쪽 또한 地理를 알 수 없었던 곳이기도 하고 추운 고

장이 되어서 살기 힘들 것이라는 事實을 알고 있었을 일이기 때

문이었을 것이다.

사람은 好奇心이 强하고 冒險을 즐기는 動物일 것이다. 亡한
殷나라를 대신해서 차지한 周나라를 되도록이면 멀리 벗어나고

싶었을 그들은 未知의 땅을 探險해서 開拓하고 싶은 冒險心도 加

勢되어 자꾸만 東쪽으로 가고 있었을 것이다. 可及的이면 하루

速히 멀리 벗어나고 싶은 心情으로 焦燥했을 일이 아닐 수 없었

을 일이기 때문이다.

이윽고 山東半島의 最東端까지 와서 다다르게 된 그들은 눈앞

에 茫茫한 바다가 펼쳐지면서 길이 막히게 되고 더 以上 나아갈

수 없게 되자 茫然自失인 채 어찌 할 줄을 몰라 暗澹하기만 했을 것이다.

2900年 前인 그 때만 해도 바다 건너 저쪽인 東쪽 땅에는 사람이 살고 있지 않았으며 따라서 그 地域에 대한 知識이 전혀 없을 수밖에 없었을 것이다. 事情을 모르니 當然히 前途가 막막한 處地일 수밖에 없었을 것이다.

그러나 아득한 바다 건너 저편은 또한 어떤 世界의 어떤 世上이 펼쳐져 있을까 하는 남다른 好奇心이 일면서 몹시 궁금한 일이 아닐 수 없었을 것이다. 사람의 대담한 冒險心과 勇氣도 곁들여져서 已往之事 여기까지 온 바에야 騎虎之勢가 아니겠느냐? 죽고 사는 運命은 하늘의 뜻에 맡기고 앞으로 더 나가보자 하는 決心과 覺悟도 생겼을 법한 일이다.

바다를 앞에 하고 난감하기만 했던 그들은 窮理 끝에 近處의 漁父를 수소문해서 찾아 여러가지 새로운 情報와 知識을 探聞하고 그 곳의 事情을 세세히 알아보았을 일이 아닐 수 없었을 것이다. 바다를 往來하며 고기를 잡아 生計를 이어가는 漁父들이야 남들이 모를 넓은 世上의 많은 知識을 알고 있을 일이 아닐 수 없으며 그곳 地理나 事情에 밝을 일이었기 때문이다.

"바다 건너 저 너머도 또다른 陸地가 있기는 있는데 사람이 살고 있지 않아서 가본 일이 없고 어떻게 생겼는지는 잘 알 수 없다”는 對答쯤은 얻어낼 수 있었을 것이다.

　“됐다! 그 곳이야말로 우리가 가서 開拓하고 定着해서 살 新天地가 될 것이며 새로운 보금자리를 틀 理想鄕이 아닐 수 없을 것이다. 배를 타고 건너서 그곳에 當到하기가 그리 쉬운 일은 아니겠지만 運命이야 하늘에 맡기고 서둘러 배를 求해 떠나자!”

　悲壯한 覺悟가 아닐 수 없었겠지만 이렇게 해서 箕子 一行은 九死一生으로 간신히 바다를 건넜고 彼岸인 새로운 陸地에 到達하게 되었던 것으로 보인다. 바야흐로 東方에 새로운 불빛의 黎明이 시작되는 瞬間이었을 것이다.

　箕子 一行이 東方의 새로운 陸地에 當到하게 된 곳이 어디쯤이었을까? 아마도 平壤으로 들어가는 大同江 入口의 河口가 아니었을까 생각되는 것이다. 大同江 於口에 到達하게 된 그들은 四方의 事情을 살핀 뒤 밀물 때를 利用하여 大同江을 거슬러 올라가서 터를 잡고 定着하게 되었을 것이다.

　그들이 新天地를 찾아 터를 잡고 定着하게 된 곳이 지금의 平壤近處가 아니었을까 생각되며 멀기는 해도 故鄕사람들을 불러들여 王儉城을 쌓고 都邑해서 500年의 歷史를 支撐한 箕子朝鮮을 建國하기에 이르렀던 것으로 보인다.

　그 後에도 箕子의 故鄕인 옛 殷나라 사람들이 箕子朝鮮을 찾아大擧 몰려가서 살게 된 것으로 보이며 人口 또한 急速度로 增加

하게 된 것으로 보인다.

　　여기에서 한 가지 疑問点이 생긴다. 어찌해서 箕子는 南쪽인
錦江 流域 같은 좀더 따뜻한 곳을 選擇하지 않고 추운 北쪽을 찾
아 定着했을까 하는 것이다. 추운 곳에서는 여러가지로 살기가
어려운 때였기 때문에 原來 箕子는 따뜻한 南쪽으로 가기를 願했
을 것이다. 地理에 밝지 못했던 그 當時 어쩌다 東쪽의 끝까지 오
다 보니까 山東半島의 最東端까지 오게 되었고 그 곳에서 가장
가까운 對岸이 大同江의 於口가 되었었기 때문이었던 것으로 보
인다.
　　箕子 一行이 都邑해서 定着하여 王儉城을 築造하고 長長 500
餘年이라는 오랜 歲月동안 維持하고 存續했음에도 不拘하고 애
써 對外에 알리지 않았으며 알려지지 않은 채 숨어 지냈던 것으
로 보인다. 무슨 理由에서 그랬을까?
　　그 理由는 中原에서 角逐을 벌리던 勢力들의 征服만을 일삼는
그들 好戰者들의 못된 生理를 너무나 잘 알고 있었던 그들이기에
만약 箕子朝鮮의 存在가 對外에 널리 알려지게 되는 경우 破壞만
을 能事로 하는 그들 好戰者들의 侵略을 받고 被害를 입을까 두
려워 하고 있었기 때문이 아니었을까 생각되는 것이다. 그렇게
되는 경우 劣勢의 位置에 있었던 그들은 도저히 無事할 수가 없

없을 것이다.

 2900年 前에 箕子朝鮮이 誕生되고 나서 歲月이 흘러 어느덧
400年동안의 春秋時代를 넘기고 때는 바야흐로 戰國時代에 突入
하게 되었다. 이 때는 殷나라를 滅亡시킨 周나라도 진작에 亡하
고 大陸의 天下는 秦, 韓, 趙, 燕, 齊, 楚의 六國이 對立하던 時代인
것이다.

 여기에서 留意해야 할 일은 箕子의 故鄕인 옛 殷나라 地域이
韓나라로 建國되어 韓나라가 登場하고 있었다는 事實인 것이다.
箕子朝鮮을 奪取한 衛滿이 살던 燕나라도 戰國時代에 지금의 北
京地域에 있던 나라이다.
 戰國時代에 登場한 燕나라의 衛滿이 謀反을 꾀하다가 잡히는
몸이 되어 投獄되었는데 죽음을 當하기 直前 脫獄하고 逃亡나와
서 箕子朝鮮의 王儉城을 奪取했으며 城主인 箕準을 내쫓아 占據
한 것이다. 이 時期가 箕子로부터 起算해서 500餘年 後가 되며
지금으로부터는 2350年 前쯤 되는 것이다. 箕子朝鮮은 衛滿朝鮮
으로 바뀔 때까지 놀랍게도 500餘年동안을 無事히 維持하면서
存續되고 있었던 것이다.

 燕나라의 衛滿한테 箕子朝鮮을 奪取當한 箕準은 逃亡나와 追

從勢力들을 데리고 西海로 배를 타고 南下하여 지금의 益山 金馬
와 完州땅에 上陸하고 定着했다. 그는 그곳에서 馬韓을 建國한
것이다. 그런데 어찌해서 國號를 馬韓이라 했을까 하는 것이다.
그 疑問을 풀어야 할 것이다.

　　앞에서도 말한 바 있지만 戰國時代로 들어선 그 當時는 箕子의
故鄕인 殷나라 地域은 韓이라는 나라가 되어 있었다. 箕子朝鮮이
燕나라의 衛滿한테 빼앗기고 亡한 마당에 韓나라 地域의 流民이
箕子朝鮮으로 가는 길은 막히고 만 것이다. 自然히 箕準이 定着
하고 建國한 馬韓으로 몰려갈 수밖에 없었을 것이다.
　　湖南 高速道路上의 益山 金馬인터체인지 近處에서 完州의 三
禮와 封東으로 길게 누워 있는 높은 山이 뻗어 있다. 이 山이 옛
날에는 말의 形狀을 하고 있었던 것으로 보인다. 中原에 있는 韓
나라 사람들이 몰려와서 말을 닮은 이 山을 背景으로 해서 都邑
하고 定着하게 되었다면 나라 이름을 馬韓으로 命名했을 일이야
너무나 當然하고 自然스러운 일이 아닐 수 없었을 것이다.
　　이어 中國大陸의 韓, 趙, 燕, 齊, 楚의 모든 나라도 亡하고 말았
다. 萬里長城을 築造한 秦始皇의 秦나라가 이들 나라를 滅亡시키
고 統合해 버린 것이다. 이때 秦나라의 難을 避해서 韓나라 地域
의 流民들이 馬韓땅으로 大擧 몰려 避難나오게 되었다. 이 事實
은 歷史가 證明하는 일로써 馬韓地域에서 發掘되는 遺物이 秦나

라때 것과 같은 형태로 나타나고 있는 것이다. 이런 事實은 馬韓
사람들이 中原의 韓나라 地域에서 왔음을 뒷받침하는 明白한 證
據가 될 것이다.

그들이 어찌하여 大陸의 中原에서 바다를 건너 멀리 떨어져 있
는 馬韓으로 자꾸만 몰려들고 있었는가 하는 그 理由를 알아야
할 것이다. 그 理由는 自明한 일로 馬韓은 韓나라의 同族이 세운
나라였기 때문이었을 것이다.

그 後에도 계속하여 中原의 韓나라 地域에서 馬韓으로 많은 人
口가 몰려오게 되었는데 飽和狀態의 이들을 東쪽으로 보내 살게
했다. 이들이 세운 나라가 辰韓의 部族社會이고 뒤이어 弁韓의
部族社會가 誕生해서 登場하게 된 것이다. 二, 三百年이라는 比
較的 짧은 期間이기는 했지만 이런 過程으로 南쪽의 馬韓, 辰韓,
弁韓의 三韓時代가 열리게 된 것이다.

이 때가 지금으로부터 2300年 前에서 2200年 前쯤의 일이 되
는 것이다. 한 가지 特記할 일은 滿洲에서 誕生된 高句麗도 箕子
朝鮮에서 進出한 人脈이며 箕子가 와서 開拓하기 前까지는 東方
의 이 땅은 사람이 살고 있지 않았던 前人未踏의 領域이었다는
事實인 것이다. 그렇다면 東方으로 처음 와서 開拓한 民族의 始
祖는 箕子가 될 것이다.

高句麗 百濟 新羅의 母體

우리의 古代歷史는 記錄을 接할 수 없어서 民族의 起源이나 根源을 確認하고 考證하기가 어려운 現實이 아닐 수 없을 것이다.

一考가 될까 하여 〈箕子朝鮮의 起源과 三韓 推考〉에 이어 〈箕子〉에 대한 글을 써 보았다. 그래도 우리의 古代史가 確然히 드러나지를 않아 未洽함이 따르는 것으로 생각되는 것이다.

아무래도 그 두 글만 갖고서는 未盡함이 있다 싶어 이어서 〈高句麗 百濟 新羅의 母體〉에 대한 글을 追加해서 쓰고 高句麗 百濟 新羅 三國의 母體가 무엇이고 各其 나라 이름이 含蓄하고 있는 뜻이 무엇인지 그에 대한 細細한 풀이를 試圖해 보기로 할까 하는 것이다. 또 이어서 잊혀진 百濟의 五百年 都邑地를 찾아보기로 할 것이다.

現在가 있으면 반드시 過去가 있을 일이어서 高句麗 百濟 新羅의 三國이 建國되고 起源되어 存在하게 된 背後에는 그들 三國을 起源시킨 나름대로의 根本된 母體가 分明히 있었을 것이다.

뿐만 아니라 그들 나라 이름이 各其 지니고 있는 固有의 뜻이 含蓄되어 있었을 것이다. 그 뜻이 밝혀진다면 그들 三國을 理解하는 데 큰 도움이 될 일이 아닐 수 없을 것이라 생각되는 것이다.

지금부터 그들 三國을 起源시킨 母體의 根本이 무엇이며, 各己 나라 이름이 含蓄하고 있는 뜻이 무엇인가를 分析해서 理解에 도움이 되도록 試圖해 보기로 할 것이다.

2900年 前에 起源해서 500餘年의 歷史를 蓄積하며 存續되었던 箕子朝鮮이 戰國時代에 登場해서 存在했던 燕나라의 衛滿한테 王儉城을 奪取當하고 마침내 歷史의 幕을 내리고 말았다. 그 衛滿朝鮮도 衛滿의 孫子때에 가서 楚나라의 項羽를 이겨 中原天下를 統一한 漢나라한테 討滅되어 滅亡當하고 말았다.

箕子朝鮮의 領域은 드디어 漢나라의 統制下에 들어가고 樂浪 等 四郡이 設置된 것이다.

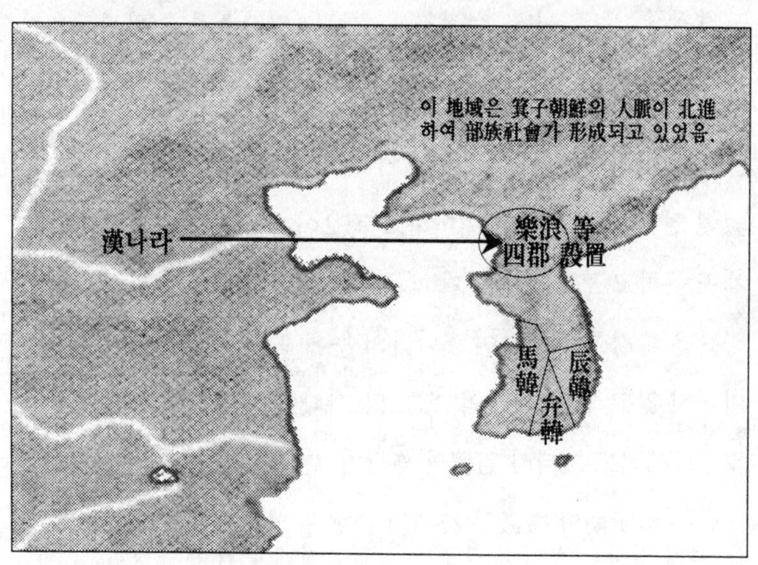

中原을 統一한 漢나라가 2100年餘 前에 衛滿朝鮮을 討滅하고 樂浪 等 四郡을 設置하여 300餘年 동안 統治했다.

그 時期는 中原의 箕子가 처음으로 東方에 와서 開拓하고 나라를 세운 지 어언간 900年의 歲月이 흐른 뒤인 것이다. 소홀히 보아넘겨서는 안될 일은 이때쯤 鴨綠江을 건너 지금의 滿洲땅에도 箕子朝鮮의 人脈들이 大擧 進出하여 많은 部族社會를 形成하고 있었다는 事實인 것이다.

箕子가 처음으로 東方을 開拓할 때까지도 滿洲땅의 그 곳 역시 사람이 全然 살고 있지 않았던 前人未踏의 領域이었던 것으로 보인다. 어찌 그러느냐 하면 그 곳에 土着의 큰 勢力이 있었다면 强大한 漢나라가 傍觀한 채 가만히 놔두었을 理 萬無한 일이기 때문이다.

鴨綠江을 건너 北의 新天地로 進出한 箕子朝鮮의 人脈들인 그 곳의 部族社會에서 마침내 高句麗가 呱呱의 소리를 울리면서 建國되고 誕生된 것이다. 高句麗가 建國해서 無事히 維持될 수 있었던 일은 그들의 勢가 미미하고 돋보이지 않아 漢나라가 눈치를 채지 못하고 모르고 있었기 때문이었을 것이다.

같은 時期를 前後하여 漢나라의 눈에 띄지 않아 그들의 統制가 미치지 않고 있던 지금의 漢江 以南地域인 馬韓 辰韓 弁韓의 三韓地域에서도 잇따라 百濟와 新羅가 誕生되고 建國되었다.

비록 黎明期의 微微한 勢에 不過했을 일이지만 바야흐로 高句麗 百濟 新羅의 三國이 鼎立하는 三國時代의 基礎가 成立된 것이다. 지금으로부터 約 2000年 前쯤의 일이 된다.

그로부터 200年쯤 後에 中原의 漢나라가 亡하면서 北方의 高
句麗가 自己들의 故土인 箕子朝鮮의 領域을 接受하고 高句麗 百
濟 新羅의 이들 三國이 接境을 이루면서 本格的으로 角逐을 벌리
는 三國時代로 접어든다. 바야흐로 三國時代가 열리게 된 것이
다.

그러니까 鴨綠江 以北의 北쪽 大陸에서는 箕子朝鮮의 人脈이
進出해서 形成시킨 部族社會에서 高句麗가 誕生된 것이다.
箕子朝鮮의 領域으로 漢나라의 統制下에 있던 樂浪 等 四郡의
緩衝地帶를 벗어난 南쪽의 西쪽 地域에서는 馬韓을 母體로 해서
百濟가 誕生되었다. 百濟의 起源에 대해서는 區區한 臆說이 많지
만 百濟가 馬韓을 母體로 해서 誕生되었다는 事實은 뒤에 가서
證明이 되는 것이다.

그 東쪽에서는 辰韓의 部族社會에서 新羅가 誕生되기에 이르
른 것이다. 그 後 新羅는 弁韓까지 糾合해서 統合시켰다. 바야흐
로 三國時代가 열리면서 出發되는 嚆矢의 기틀이 마련된 것이다.

이들 三國이 誕生되고 난 約 200年쯤 後에 中國天下를 統一하
고 君臨해서 支配했던 强大한 漢나라가 드디어 亡하고 三國志로
잘 알려진 魏, 吳, 蜀의 三國이 펼치는 戰國時代로 이어진다. 이어
서 五胡 十六國의 亂世로 突入하면서 中原의 世上이 어지러워지

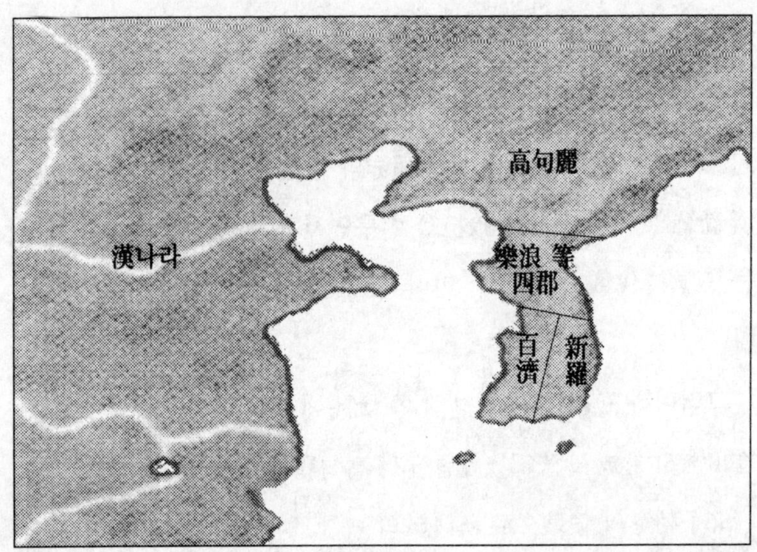

箕子로부터는 900年 後이고 지금으로부터는 2000年 前쯤 北方大陸
으로 進出한 部族社會에서 高句麗가 建國되었다. 또 南쪽의 馬韓에서
百濟가 建國되었고 辰韓에서 新羅가 建國되었다.

게 되었다. 이 때를 틈타 漢나라의 統制에서 벗어난 箕子朝鮮의
領域이 原住民이라 할 수 있는 高句麗로 마침내 接受되어 統合된
것이다. 그 以後 高句麗는 中原의 隨나라와 唐나라하고 마주 싸
울 수 있을 만큼 巨大하고 强大한 大陸國으로 君臨하게 되는 것
이다.

　마침내 三國의 高句麗 百濟 新羅가 마주 接하게 되면서 葛藤과
軋轢이 생기게 되고 離合集散이 無常하게 進行된 일은 아니지만
잦은 紛爭도 不辭하게 되었다. 분명히 알아 두어야 할 일은 이들

三國이 나라는 달리 하고 있었어도 箕子로부터 始作된 根本의 뿌
리는 같다는 事實인 것이다.

그런데 高句麗 百濟 新羅의 이들 三國이 建國되고 起源되기에
이른 母體가 果然 무엇이며 그들 國名이 各己 지니고 있는 뜻이
무엇이었는지 明白하게 밝혀져야 할 것이다. 이들 三國이 어느
날 갑자기 태어나서 建國되고 起源됐을 性質이 아닌 일이기 때문
이다.

그들 三國이 誕生하여 存在하기까지에는 이들이 있을 수 있도
록 만든 文明의 智慧와 能力을 所有한 力量있는 母體가 分明히
뒷받침되어 있었을 일이 아닐 수 없는 것이다. 뿐만 아니라 그들
나라 이름은 나라의 起源과 無關하지 않을 일이어서 各己 國名이
지니고 있는 固有의 뜻이 內包되어 있었을 것이다.

이들 三國의 國名이 內包하고 있는 뜻이 果然 무엇이고 무슨
象徵性을 지니고 있을까 알아보는 일도 無益한 일은 아닐 것이
다.

설마하니 나라 이름이 起源을 暗示하고 建國과 關係되는 아무
런 因緣이나 어떤 象徵을 나타내는 뜻도 없이 無酌定 命名된 일
은 아닐 것이다. 특히 이들 三國은 盲目的으로 國名이 지어진 性
格이 아니라 箕子朝鮮이나 三韓의 경우처럼 나라의 起源과 密接
하게 關係되는 깊은 뜻이 介在해서 內包되어 있는 것이다.

지금부터 高句麗 百濟 新羅의 三國이 建國되고 起源시킨 母體
가 무엇이며 그들이 있게 된 由來를 더듬어 밝히고 이들 나라의
이름이 各己 지니고 있는 뜻이 무엇을 나타내며 象徵한 것인지
여러가지 情況을 銳意 檢討하고 分析해 보기로 할 것이다.

高句麗

  高句麗를 建國하고 誕生시킨 사람들은 누구이며 도대체 어떤 人脈의 構成體이었을까? 高句麗의 母體와 根本이 무엇인가 하는 것이다.

  高句麗는 分明히 지금의 滿洲땅인 北쪽의 大陸에서 起源하고 建國된 實體인 게 事實이다. 그렇다면 高句麗를 建國한 人脈이 그 地域의 土着民이었을까 아니면 移住된 外來의 人脈이었을까? 한편 高句麗라는 나라 이름이 무슨 뜻에서 命名되고 定해졌는지 알아보는 일도 理解에 도움이 될 것이다.

  高句麗라는 나라 이름이 建國과 關係되는 아무런 뜻도 없이 그저 無心한 處地에서 지어졌다면 몰라도 그렇지 않다면 틀림없이 起源된 由來와 그에 따른 分明한 뜻을 갖고 있을 것이다.

  高句麗의 나라 이름은 얼핏 생각해서는 무엇을 뜻하고 있는지 分揀이 잘 가지 않는다. 合理的인 解析이 되지 않는 것이다. 그런데 옛날에는 高句麗의 가운데 글字인 句字가 요즈음 쓰이는 글귀라는 뜻이 아닌 鬼神이라는 뜻의 귀신句로 쓰이고 있었던 것이다. 그런 事實에 留意해서 풀어보면 高句麗라는 나라 이름은 그 뜻이 自然스럽게 풀리면서 理解하게 되는 것이다.

그러니까 句字를 귈귀라는 뜻이 아닌 귀신이라는 뜻으로 해서 풀이하면 高句麗라는 나라 이름이 갖고 있었던 뜻이 明瞭하면서도 確然하게 드러나고 自然스럽게 풀리게 되는 것이다.

우선 알기 쉽게 俗된 말로 풀이해 본다면 高句麗는 鬼神을 높이 받들고 빛내자는 뜻이 되는 것이다. 그러나 나라를 세우기 爲해서 天下에 大義名分으로 내걸고 民心을 糾合하는 데 설마하니 귀신을 높이 받들고 빛내자 외쳤을 理는 없었을 것이다. 같은 말이라도 어 다르고 아 다른 법이어서 한층 格을 높여 엄숙하게 神靈을 높이 받들고 빛내자 絶叫했을 것이다.

高句麗는 그런 理念의 旗幟를 내걸고 出帆했으며 建國된 것으로 보인다.

高句麗의 國名은 出發된 地域的인 特性을 나타내는 이렇다 할 별다른 性格은 없다. 다만 神靈을 높이 받들고 빛내자는 理念만을 國是로 내걸고 出發해서 建國된 것으로 보인다. 山林이 울창하게 우거지고 人跡이 드문 幽玄하고 끝없이 廣闊한 땅에서 사람들이 항용 갖기 쉬운 畏敬의 念에 따른 發露에서 高句麗로 命名되고 旗幟를 드높이 내걸어 사람들을 糾合한 일이 아닐까 생각되는 것이다.

高句麗는 紀元 前 37年에 北扶餘의 東明王을 始祖로 建國되었

다고 記錄되어 있다. 北扶餘는 지금의 滿洲땅인 大陸에 해당되는
것이다. 그렇다면 高句麗는 分明히 箕子朝鮮의 領域이 아닌 鴨綠
江 건너 지금의 滿洲땅인 大陸에서 起源되었다는 理致가 되는 것
이다.

  그러면 高句麗를 建國하고 起源시킨 構成體는 도대체 어느 種
族에 속한 어떤 人脈들이며 어디에서 온 사람들이었을까? 그 点
이 매우 重要하면서도 몹시 궁금한 일이 아닐 수 없을 것이다.
  도대체 高句麗를 誕生시킨 사람들은 果然 어느 곳에서 온 人脈
들이었을까? 古代로부터 그 곳에서 定着하여 살고 있었던 土着
의 原住民이었을까? 그렇게도 생각되기 쉬운 일일 수도 있겠지
만 전연 그렇지 않은 것으로 보이는 것이다. 高句麗를 建國한 사
람들은 原始生活을 하고 있던 原始人이 아니었으며 高度의 文化
를 갖고 있던 사람들인 것이다.
  그 當時는 그곳에 사람들이 살고 있지 않았음이 分明한 일이기
도 하지만 그들이 中原의 文字인 漢字를 使用하고 漢字言語를 驅
使하고 있었던 또 다른 證據가 있는 것이다. 그들이 古代로부터
그곳에 살고 있었던 原住民이라면 이제 갓 普及되기 시작한 中原
의 文字인 漢字를 使用할 수 있었던 일은 아니었을 것이다.

  殷나라의 箕子가 荒淫無道한 紂王의 暴政으로 나라를 잃고 中

原을 忌避하여 멀리 東方으로 脫出해서 箕子朝鮮을 開拓하고 定
着할 때까지 東方一帶는 人跡未踏인 未知의 땅으로 사람들이 全
혀 살고 있지 않았던 곳이 確實해 보이는 것이다. 그 때까지 그
곳에 사람들이 살고 있었다는 흔적이 나타나 있지 않으며 歷史的
인 記錄 또한 없는 일이기 때문이다.

　中國의 北部에서나 蒙古쪽에서 東쪽인 그 곳으로 사람들이 進
出했었을 수도 있지 않았겠느냐 反問할지 모르지만 人口가 稀薄
하고 往來가 어려웠던 古代이고 보면 그렇게 一方的으로 斷定할
性質만도 아닐 것이다. 그 當時는 그 곳까지 갈 만한 많은 人口가
없었던 것이다.

　더구나 滿洲라는 地名이 示唆하고 있듯이 密林의 늪 地帶로 가
득차고 酷寒地帶이어서 사람들이 살기 힘들어 北쪽으로 迂廻해
서 그 곳으로 進出하고 接近하기란 容易한 일이 아닐 수 없었던
것이다.

　그렇다면 廣闊한 滿洲大陸에 大東方國이라 할 수 있었던 高句
麗를 建國하고 誕生시킨 部族社會는 果然 어느 곳에서 온 어떤
사람들의 人脈이라는 말인가?

　高句麗는 지금으로부터 2000餘年 前에 建國되고 誕生되었다.
中原의 箕子가 와서 東方을 開拓한 때로부터는 자그만치 900年

이라는 長久한 歲月이 흐른 後에 建國된 것이다. 여러가지 情況
에서 미루어 볼 때 高句麗를 建國하고 起源시킨 사람들은 다름
아닌 箕子朝鮮의 人脈으로서 그들이 鴨綠江을 越境해서 드넓은
北쪽 大陸의 新天地를 開拓하고 定着한 部族社會의 하나인 것으
로 보이는 것이다. 南쪽인 箕子朝鮮에서 北쪽으로 進出하는 일은
極히 容易한 일이었을 것이다.

　900年의 歷史는 짧은 歲月이 아닐 것이다. 그 동안 많은 人口
로 增加하면서 넓게 擴散되어 坊坊曲曲의 到處에 部族社會가 形
成되고 있었을 것이다. 옛 生活은 相扶相助가 이루어지지 않으면
살기 힘든 環境이었기 때문에 自然히 部族社會가 形成될 수 밖에
없었을 일이다. 그 當時 이런 部族社會를 形成시킬 人脈은 箕子
朝鮮의 사람이 아니면 그 곳에 定着해서 살고 있을 만한 다른 人
脈이 없었던 것이다.

　더욱 그런 事實을 뒷받침할 正確한 證據는 그들이 漢字와 漢字
言語를 驅使하는 漢字 文化圈의 人脈이었다는 事實이다.

　學者이었던 箕子는 東方으로 가서 무엇보다도 우선 漢字敎育
과 文字普及에 置重하고 文化發展에 남다른 努力을 기울였던 것
으로 보인다. 高句麗가 高度로 發達한 文化水準을 보여주고 있었
기 때문이다. 巨大한 돌에 漢字로 가득히 새겨진 廣開土大王碑가
千數百年동안 땅 속에 묻혀 잠들어 있다가 近代에 와서 發見되고

있는 것이다.

　이런 事實로 미루어 볼 때 北方의 大陸에서 高句麗를 起源시킨 그들은 分明히 中原으로부터 東方으로 進出한 箕子朝鮮의 領域에서 鴨綠江을 越境하여 部族社會를 形成시킨 箕子朝鮮의 人脈이고 그들의 後裔인 事實은 疑心의 餘地가 없는 眞實일 것이다.

　만일 高句麗를 起源시킨 그들이 漢字의 發祥地인 中原에서 移住해 온 箕子朝鮮의 人脈이 아니고 現地의 土着人이었다면 原始生活을 한 原始人의 狀態이었을 그들이 어떻게 漢字인 文字를 알고 使用했으며 漢字言語를 驅使할 수 있었을 일인가 하는 것이다. 뿐만 아니라 어떻게 저 偉大한 廣開土大王碑를 남기는 業績이 이루어질 수 있었겠는가 하는 것이다.

　우리 東方民族은 箕子朝鮮을 爲始해서 馬韓, 辰韓, 弁韓의 三韓은 勿論이고 高句麗, 百濟, 新羅의 三國이 모두 漢字를 쓰는 漢字 文化圈의 人脈들이었다는 事實에 留意하는 바 있어야 하고 注意를 喚起시켜야 할 것이다. 그럴 만한 理由가 반드시 存在하고 있다는 事實을 銘心해야 하는 것이다.

　사람들의 習性은 未來指向的인 性格으로 未知의 世界에 대한 憧憬이나 好奇心이 强烈할 뿐만 아니라 살기 좋은 터전을 찾아 開拓하고자 하는 熱意와 意慾 또한 대단히 크기만 할 것이다. 그

러한 熱意와 欲求에서 箕子朝鮮의 人脈들이 未知의 新天地를 憧
憬해서 찾아 鴨綠江을 건넜고 더 넓은 땅으로 자꾸만 領域을 넓
혀 北쪽의 廣闊한 大陸으로 進出해서 보금자리를 틀게 되었을 것
이다.

따라서 北쪽의 大陸을 開拓하고 定着해서 高句麗를 建國하고
起源시킨 사람들은 中原에서 東方으로 進出한 箕子朝鮮의 人脈
일 수밖에 없을 性質이다.

그와 같은 斷定은 說話的인 構圖에서 設定된 虛構의 이야기가
아니며, 漠然한 概念에서 우러나온 推理的인 想像의 이야기가 아
님을 알아야 할 것이다. 高句麗를 建國한 사람들이 中原의 文字
인 漢字를 使用하고 있었고 漢字言語를 驅使하고 있었던 点을 考
慮해 보고 歷史的인 前後事情에서 類推하여 判斷해 볼 때 歷史的
인 明白한 證據가 뒷받침되고 있어서 高句麗를 建國한 사람들은
箕子朝鮮의 人脈이 틀림없는 것이다.

學問이 깊은 學者이었던 箕子와 箕子를 따라 함께 東方으로 移
住해 온 사람들과 그들을 뒤따라 계속 移動해 온 後續人들은 漢
字와 漢字文化의 發祥地인 中原에서 온 사람들이다.
그 當時의 그들은 他의 追從을 不許할 그 누구보다도 앞선 高
度의 文化水準과 그에 따른 높은 知識을 蓄積한 사람들인 것이

다. 그 누구와도 比較될 수 없는 높은 文化와 知識에 따른 智慧를
蓄積하고 있던 그들이기에 그들이 몸만 온 게 아닌 것이다.
　　그런 그들이기에 漢字인 文字와 言語 및 그들이 蓄積하고 있던
모든 知識과 智慧까지 아울러 갖고 왔을 일이야 오히려 當然한
일이 아닐 수 없는 것이다. 사람과 더불어 中原의 文字와 言語 및
文化知識까지 함께 갖고 移動해 온 것이다. 高句麗의 높은 文化
水準이 그런 事實을 뒷받침하고 있는 것이다.
　　如何間에 우리의 東方民族은 中原에서 移動해 온 民族임에 틀
림없는 것이다. 箕子朝鮮을 爲始해서 900年 뒤에 誕生한 高句麗
가 漢字와 그에 따른 言語를 驅使하고 있었던 事實이 그들이 中
原의 殷나라 地域에서 移動해 온 人脈이라는 事實을 雄辯으로 뒷
받침하고 證明하는 明白한 證據가 될 것이다.
　　비단 箕子朝鮮과 高句麗뿐만이 아니라 馬韓, 辰韓, 弁韓의 三
韓과 그 뒤를 이어서 誕生된 百濟와 新羅도 모두 漢字를 使用하
는 똑같은 言語圈이었다는 事實은 〈箕子朝鮮의 起源과 三韓 推
考〉의 글에서 累累이 言及한 바 있다.
　　우리 東方民族이 例外없이 漢字를 쓰고 있었던 事實은 옛 殷나
라이지만 뒤의 戰國時代에 새로이 登場하게 된 韓나라의 領域에
서 漢字와 言語를 갖고 移動해 온 民族이라는 움직일 수 없는 證
據가 될 것이다. 結局 東方의 우리 民族은 中原의 韓나라 領域에

서 漢字와 言語를 갖고 移動해 온 民族임이 좀認되지 않을 眞實

일 것이다.

　箕子朝鮮의 人脈들이 큰 江인 鴨綠江을 越境해서 새로이 開拓
한 땅을 扶餘 또는 北扶餘라고 呼稱했던 것으로 보인다. 무슨 뜻
에서 扶餘라고 불렀던 일이었을까? 扶餘라는 單語는 많은 사람
을 扶養하고도 오히려 남음이 있고 不足함이 없는 넉넉한 땅이라

는 뜻이다.

　그들이 北쪽의 大陸으로 進出하고 보니 山林이 울창하게 우거
지고 雜草가 茂盛하게 자라고는 있었지만 허허벌판의 끝없는 平
原으로 이어진 땅이 많아서 사람들이 살기에 넉넉한 고장이라는

뜻에서 扶餘라는 이름이 붙여졌던 것으로 보인다.

　이제까지의 說明에서 미루어 箕子朝鮮을 이은 高句麗가 우리
東方民族을 起源시킨 祖上의 一員임이 좀認되지 않을 것이다. 그
들 祖上이 써온 文字가 漢字이라면 漢字는 名實共히 우리 民族의
固有文字가 아닐 수 없는 것이다.

　뚱단지 같은 말로 들릴지 모르지만 祖上傳來의 固有文字인 漢
字를 버리고 배우지 않으면서 마냥 無識해 가는 民族에게 이제
邪道를 버리고 正道를 찾아야만 民族의 밝은 未來를 期待할 수
있다는 事實을 일깨우기 위해서 苦言을 아끼지 않아야겠다는 생

각을 하게 된다.

　요즈음 漢字를 가르치지 않고 敎育받지 않아 事理判斷을 바른
대로 하지 못하는 사람들은 漢字를 中國에서 輸入해 온 外來文字
로 規定하고 斷定해서 排斥하고 있다. 漢字를 中國에서 어느 때
輸入해 왔는지 그 證據를 대야 할 것이다. 더 좀 깊은 知識이야
받아들였지만 漢字를 輸入한 證據는 없는 것이다.

　漢字의 排斥은 無知의 所致로 亡國的인 잘못된 文字概念인 것
이다. "漢字와 한글이 모두 우리의 文字인데 어찌 漢字만 排斥하
는 것이냐? 漢字를 排斥한 한글 一邊倒의 文字政策은 亡國的인
잘못이니 是正되어야 한다"고 그 非理가 累累이 指摘되고 있음
에도 不拘하고 馬耳東風인 채 漢字敎育이 制度敎育으로 收容되
지 않고 있다. 當然히 是正되어야 할 잘못이 是正되지 않고 있는
것이다. 正道를 直視할 줄 아는 眼目이 뒤따라야 할 것이다.

　2900年 前에 箕子朝鮮을 세워 처음으로 東方民族을 起源시킨
箕子는 勿論이고 그 後 高句麗를 建國한 始祖인 東明王이 나라
이름과 自己의 姓名을 分明히 漢字로 標記하고 있다. 그들 始祖
가 써 온 漢字가 自己의 文字가 아니고 어찌 빌려온 外來文字일
수 있겠는가? 그 뿐만 아니라 馬韓, 辰韓, 弁韓의 三韓도 똑같이
漢字를 써 왔다.

馬韓과 辰韓의 三韓時代를 뒤이어 誕生된 百濟와 新羅도 똑같이 漢字를 써 왔다. 百濟의 始祖인 溫祚도 漢字를 썼고 新羅의 始祖인 朴赫居世도 漢字를 썼다. 그들은 한결같이 우리 民族의 根本이고 始祖들인 것이다. 그들이 써 온 文字가 漢字이라면 漢字는 當然히 우리 民族의 固有文字인 事實에 틀림이 없는 것이다.

祖上傳來의 우리 漢字가 民族의 固有文字가 아니고 어찌 外國에서 輸入해 온 外來文字일 수 있겠는가? 誇大妄想인 無知도 분수가 있지 제 精神이 아닌 이토록 어리석은 民族이 또 어느 하늘 아래 있을 수 있겠는가? 이제까지 잘못 認識되어온 漢字에 대한 偏見이 一新되어야 하고 한글 一邊倒의 跛行된 文字政策이 遲滯없이 是正되어야 마땅할 것이다.

往來를 할 수 없었던 古代에 異域萬里의 먼 곳에서 文字와 言語를 借入하고 輸入해서 自己民族의 文字와 言語로 固着시키기는 어려운 일일 것이다. 어쩌면 語不成說의 至難한 일이고 不可能한 일이 아닐 수 없는 것이다. 往來와 交流가 어려웠던 古代이고 보니 侵略을 받고 同化되거나 自己들이 日常的으로 써 오던 文字가 아닌 以上 먼 곳의 生疎한 外國文字를 輸入하다가 자기 文字化하기는 不可能한 일인 것이다.

漢字는 發祥地인 中原에서 실로 오랜 歲月에 걸쳐 조금씩 四方

으로 傳達되어 갔다. 더구나 종이가 發明되지 않아 대발로 엮어
記錄되었기 때문에 漢字를 習得한 民族의 移動이 없는 限 우리
나라인 東方까지는 쉽게 傳達될 性質도 아니며 二千數百年 前의
오래 前부터 쓰일 性質도 아니었다.

　이런 事實로 미루어 볼 때 우리 民族이 쓰는 漢字는 古代에 民
族의 移動과 함께 그들이 갖고 온 民族固有의 文字인 事實에 틀
림이 없는 것이다.

　그렇다면 하늘 아래 이 民族처럼 精神나간 爲人들도 없을 것이
다. 돈에만 血眼이 되어 氣高萬丈의 虛勢에 들떠 있을 뿐 모두가
얼이 빠져 온전한 精神이 아닌 것으로 보이는 것이다. 어찌 그러
느냐 하면 祖上傳來의 文字이고 民族 固有의 文字인 貴重한 漢字
를 헌신짝 버리듯 내동댕이치고 배우지 않으면서 五方之 한 또래
로 無識해지는가 하면 갖가지 方正이나 떠는 民族으로 墮落해 가
는데 이를 泰然히 甘受하면서 江건너 彼岸의 火災를 구경하듯 袖
手傍觀하고 있어서 될 일이겠는가 하는 것이다.
　우리 民族의 文字와 言語는 오랜 歲月에 걸쳐 中原의 文字와
言語體系에서 分離되어 發達해 온 過程上 漢字와 한글이 서로 도
와 行使하고 使用되는 輔車相依가 이루어질 때 비로소 完璧한 文
字技能이 發揮될 수 있는 構造인 것이다. 2900年의 悠久한 歷史
를 간직한 漢字에 比해 겨우 500餘年이라는 日淺한 歷史를 간직

한 한글만이 우리 民族의 문자로 取扱될 性質이 아닌 것이다.

民族의 起源과 더불어 예로부터 써 온 漢字와 그 後 必要에 依

해서 생긴 한글은 例外없이 모두 우리 民族의 固有文字인 것이

다. 어느 한쪽이든 도저히 버릴 性質이 아닌 것이다.

우리 民族의 言語가 發展되어온 過程의 構造上 漢字와 한글이

併用되어 쓰여야 文字의 技能이 제대로 發揮될 수 있는 性質이지

漢字이든 한글이든 間에 한쪽 文字만으로는 跛行의 절름발이 文

字에 지나지 않을 뿐 完全한 文字技能을 發揮할 수는 없는 것이

다. 이 民族은 이 点을 똑바로 認識할 수 있는 良識과 智慧를 가

져야 할 것이다.

한쪽 文字의 技能과 口實밖에 할 수 없는 한글만을 가르치고

겨우 배운데 지나지 않음에도 不拘하고 내가 文字의 모두를 터득

한 것으로 過信하고 錯覺하면서 氣高萬丈의 도리질이나 일삼는

暗愚한 民族으로 轉落된대서야 될 일인가 하는 것이다.

自己 民族의 보배롭기 그지없는 文字인 漢字를 버리고 너나없

이 멍청해진다면 이건 피를 吐하고 죽을 노릇이지 이보다 더 愚

昧한 蠻行이 없을 것이다. 民族의 知識을 한글水準에 머물게 한

다면 厚顔無恥도 이에서 더할 수 없으며 千秋의 恨을 남기는 일

이 될 것이다.

하루빨리 漢字를 抹殺시킨 지난 過誤를 뉘우치고 大悟覺醒의

勇斷을 내려 初等學校의 어린이 때부터 常用漢字를 敎育시키고
배울 수 있도록 制度敎育으로 收容하는 門을 열어 民族의 將來를
正道의 方向으로 復元시켜야 할 것이다.

　高句麗가 建國된 時期는 지금으로부터 2000年 前 쯤의 일이
되지만 箕子朝鮮이 起源된 때부터는 900年 가까이 된 後의 일이
된다.
　그 때가 마침 中原의 天下를 統一한 漢나라가 箕子朝鮮을 奪取
해서 存續하던 衛滿朝鮮을 討滅하고 樂浪 等 四郡을 設置했다가
後에 二都督府로 統合한 全盛時代의 莫强한 時期이었다. 그런 狀
況에서 鴨綠江 건너의 大陸인 滿洲땅에서 建國되어 起源한 高句
麗가 敢히 箕子朝鮮의 領域까지 넘보고 捲土重來의 遠大한 野望
이나 抱負를 實現시킬 수는 없었던 일이었을 것이다. 그러나 虎
視眈眈 機會는 노리고 있었을 것이다.
　그런데 漢나라가 中原의 天下를 統一한 莫强한 勢力이었을 뿐
만이 아니라 衛滿朝鮮까지 討滅해서 그 地域을 完全히 掌握하고
있었음에도 不拘하고 이제 겨우 갓태어난 新生國의 高句麗가 어
떻게 侵略의 被害를 입지 않고 無事히 存續될 수 있었을까 하는
것이다.
　아마도 그 理由는 勢力이 미미했을 뿐만이 아니라 그들이 誕生

된 扶餘땅이 그 때까지만 해도 中原의 世上에 그 存在가 잘 알려져 있지 않았던 安全地帶였기 때문이 아니었을까 생각되는 것이다. 그런 事情에서 強大한 漢나라의 侵略을 謀免하고 安全이 維持되어 保存될 수 있었던 것으로 보인다.

그러나 高句麗가 建國되고 나서 200年쯤 後에 漢나라가 衰亡해지면서 魏, 吳, 蜀의 三國들이 벌리는 戰國時代를 거쳐 天下가 五胡 十六國의 亂世로 이어지자 高句麗는 기다렸다는 듯이 재빨리 鴨綠江을 건너 南下하였다. 옛 箕子朝鮮의 領域인 故土를 回復시킨 것이다.

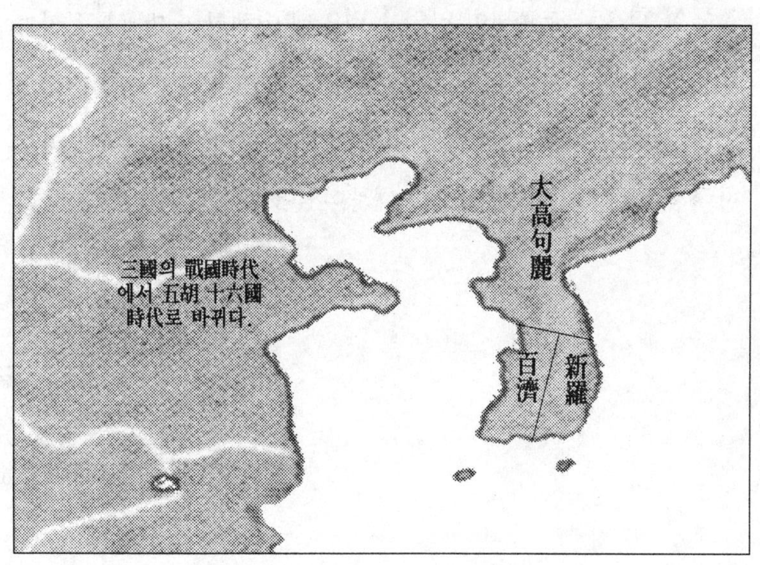

中原의 漢나라가 亡하자 高句麗는 신속히 樂浪 等 四郡의 故土를 接受하고 名實共히 大高句麗의 大陸國으로 跳躍하였다.

이 때부터 高句麗, 百濟, 新羅가 鼎立하고 서로 마주 接境을 이루면서 바야흐로 三國時代가 展開되기에 이르는 것이다. 바야흐로 箕子로부터 起源된 東方民族에 依해서 北쪽의 巨大한 大陸에서 南쪽 半島에 이르는 大東方國이 形成된 것이다. 그러나 이 大東方國은 그 後 數百年도 미처 넘기지 못한 未久에 挫折되는 悲運을 맞게 된다.

그런데 여기에서 크게 疑問되는 点이 있다. 高句麗가 衛滿朝鮮의 領域까지 倂呑해서 故土를 完全히 回復시켰다면 破竹之勢의 莫强한 힘으로 充滿되어 있었을 터인데 어찌하여 旭日昇天의 餘勢를 몰아 弱勢이었을 百濟와 新羅를 倂合하지 않았을까 하는 것이다. 모르긴 해도 그 理由는 百濟와 新羅 또한 똑같이 中原의 韓나라 地域에서 온 同族이었기 때문이었을 것이다.

<ruby>百<rt>백</rt></ruby> <ruby>濟<rt>제</rt></ruby>

　百濟는 나라 이름에 앞서 무슨 뜻이 될까? 百濟는 나라의 起源
과 關係되는 分明한 뜻을 含蓄하고 있는 것이다. 百濟라는 그 이
름에서 여러가지 秘密이 드러나고 이제까지 모르고 있었던 새로
운 事實을 發見하게 되는 것이다.

　百濟 末期의 都邑地가 忠南의 扶餘였던 地名에서 類推하여 百
濟를 建國한 人脈이 北方의 扶餘땅에서 南下한 사람들일 것이라
主張되는 例도 있음을 본다. 그러나 扶餘라는 地名은 공교롭게
갖게 된 偶然의 一致일 뿐 그런 類推는 當치도 않으며 全혀 事實
이 아닌 것이다. 百濟가 建國된 그 時期는 衛滿朝鮮의 領域을 中
原의 漢나라가 統制하고 있던 時代이어서 大陸인 北쪽에서 馬韓
地域인 南으로 사람이 내려올 수 있는 狀況이 못 되었던 것이다.

　따라서 北扶餘의 人脈이 百濟를 建國했다는 主張은 牽强附會
의 억지인 推測에 지나지 않는다 할 것이다. 뿐만 아니라 百濟라
는 나라 이름이 含蓄하고 있는 뜻이 전혀 그렇지 않음을 示唆하
고 있는 것이다. 또 그렇지 않은 다른 分明한 根據도 있는 것이다.

　그렇다면 百濟라는 國名은 무슨 뜻을 담고 있으며, 어떤 母體
를 緣故로 하고 어느 地域을 根據로 해서 百濟는 起源되고 誕生

한 나라일까?

우선 百濟라는 이름이 무슨 뜻을 담고 있는가 하는 일부터 알

아볼 必要가 있을 것이다.

百濟는 國名에 앞서 물에 잠긴 곳이 無數히 많다는 뜻으로 넘

어야 할 건널목이 數를 헤아릴 수 없이 많은 地域이라는 뜻을 담

고 있다. 百濟가 起源된 地域의 自然條件과 地理的 狀況이 그대

로 나라를 象徵하고 있는 것이다.

따라서 百濟라는 나라 이름을 綿密히 分析해 보면 百濟가 어느

地域의 어떤 고장에서 起源되고 建國되었는지를 미루어 짐작하

고 헤아릴 수 있는 것이다. 그동안 迷宮에 가려진 채 좀처럼 모습

을 드러내지 않고 있던 百濟의 起源과 500年 동안 잠들어 있던

옛 都邑地의 秘密이 비로소 풀리게 된 것이다.

鴨綠江 건너의 北쪽 大陸에 있는 高句麗의 廣開土大王碑에 百

濟가 百淺으로 表記되고 있음을 보게 되는데 이제까지 어찌 百濟

가 百淺으로 表記되고 있는지 그 理由를 사람들은 全然 모르고

있었다. 이 글의 筆者에 依해서 百濟라는 나라 이름이 갖고 있던

뜻의 秘密이 풀리면서 光開土大王碑에 記錄된 百淺의 뜻도 自然

히 풀리게 되고 더불어 百濟가 都邑하고 있었던 잊혀진 500年의

都邑地가 確然히 드러나게 된 것이다.

百濟는 忠南 公州에서의 都邑 60年과 扶餘로 遷都해서 都邑한 120年을 合친 180年을 除外한 그 以前의 500年 歲月에 걸친 歷史와 都邑地는 五里霧中인 채 알려지지 않고 있는 것이다. 필경 잊혀진 曲折이야 있었겠지만 어떤 緣由에서인지 歷史에 記錄되어 남아 있지 않기 때문이다.

따라서 百濟의 母體는 무엇이며 도대체 어느 地域에서 起源되고 建國해서 都邑했는지 그 位置를 全然 모르고 있는 것이다. 그런 理由로 異說이 紛紛한 것이다.

다만 三國史記에 百濟가 다음과 같이 記錄되고 있을 뿐이다. "高岳을 등에 하고 漢水를 앞에 마주한 慰禮城이 있었다. 南으로는 平野地가 펼쳐져 있고 西로는 바다에 隣接하고 있었다."

三國史記는 唯一하게 慰禮城이라는 城의 이름만 記錄하고 있을 뿐인 것이다. 百濟를 起源시킨 母體가 무엇이고 建國해서 都邑한 곳이 어느 地域인가 하는 地名이나 位置가 明示되어 있지 않은 것이다. 따라서 百濟를 存續시킨 人脈의 由來나 500年 歷史는 迷宮으로 가려진 채 모르고 있는 것이다.

그렇다면 忠南 公州에서의 60年과 扶餘의 120年을 合친 180年 以前의 百濟가 500年 동안이나 都邑해서 存續하고 維持해 온 地域을 알아낼 方道가 없을 것인가? 엄연히 存在해 온 百濟의 500年 都邑地가 迷宮으로 가려진 채 永久히 모르고 지낸대서야 될

일이 아닌 性質이어서 알아야 할 것이다. 誇張된 말이 아니라 시
원스럽게 알아낼 方法이 있는 것이다.

百濟라는 나라 이름이 담고 있는 뜻을 銳意 追跡하고 分析해서
類推해 보면 百濟가 建國해서 起源되고 存續한 地域이 어느 곳인
가를 確認할 수 있게 되는 것이다. 慰禮城의 位置가 確認되고 더
불어 百濟가 起源된 母體 또한 確然히 드러나면서 迷宮에 가려진
500年 歷史의 秘密이 시원스럽게 풀리는 것이다.

百濟는 紀元 前 18年 溫祖에 依해 建國되었으며 紀元 後 660年
에 新羅와 唐나라의 聯合軍에 依해 滅亡한 것으로 記錄되어 있
다. 起源이야 正確히 確認될 일은 아니겠지만 羅-唐 聯合軍에 依
해 百濟가 滅亡한 일은 너무나 잘 알려진 일이다. 唐나라와 新羅
는 戰國策인 遠交近攻의 策略을 十分 活用해서 凱歌를 올린 경우
일 것이다.

좌우간 百濟는 約 680年 동안을 存續하고 維持하여 왔다는 理
致가 될 것이다. 그렇다면 公州의 60年과 扶餘에서의 120年을 合
친 都合 180年을 除外한 500年 동안인 歲月을 根據로 하여 百濟
가 都邑하고 存續한 地域이 果然 어느 곳일까 하는 것이다. 소도
언덕이 있어야 비비는 법이다. 百濟가 背景으로 해서 誕生된 母
體와 그 位置가 分明히 있었을 것이다.

百濟가 500年 동안 都邑하고 位置했던 곳이 도대체 어느 地域

일까?

或者는 漢水를 앞에 한 慰禮城이 있었다는 三國史記의 記錄에

서 漢水를 漢江으로 誤認하고 錯覺하는 잘못된 解析으로 그 곳이

서울의 漢江 東南쪽이 아니겠느냐 主張하는 事例도 있는 것으로

보인다. 그러나 그건 어디까지나 漠然한 推想에 머무는 황당한

主張일 뿐 根據가 뒷받침되고 있지 않은 推測에 지나지 않을 것

이다.

2000年 前의 옛날에 漢江이라는 江이름이 存在했을 일도 萬無

하지만 漢水는 漢江이라는 江이름의 뜻이 아닌 것이다. 漢水는

萬頃 같은 큰 물이라는 뜻인 것이다. 바닷물이 아닌 淡水를 뜻하

지만 百濟의 慰禮城 앞에 바다 같은 淡水의 큰 물이 잠겨 있었던

것으로 보인다.

그렇다면 漢水를 앞에 둔 慰禮城이 있었고 건널목이 數도 없이

많았던 百濟라는 고장이 果然 어디이고 어느 곳에 位置하고 있는

地域이었을까?

去頭截尾하고 우선 結果부터 말한다면 百濟는 馬韓을 母體로

하고 馬韓의 領域에서 誕生되었다는 事實을 알아야 할 것이다.

건널목이 數도 없이 많은 百濟라는 고장은 燕나라의 衛滿한테 王

儉城을 奪取當하고 도망나온 箕子朝鮮의 箕準이 배를 타고 와서

上陸하여 建國한 馬韓이고 그 馬韓이 都邑한 지금의 益山땅이며 옛 金馬縣을 中心으로 한 領域이 되는 것이다.

그러니까 漢水를 앞에 두고 慰禮城이 있었다는 百濟의 都邑地는 지금의 益山 金馬地域에서 完州의 三禮를 거쳐 封東과 全州로 이어지는 地帶의 넓은 領域이 될 것이다.

그 곳에 果然 漢水가 있었느냐 하는 事實과 그 一帶가 물에 잠긴 건널목이 無數히 많았느냐는 百濟 땅이 앞으로 證明되어야 할 課題이겠지만 그 問題는 앞으로 가면서 차차 考證하고 證明하기로 할 것이다. 우선 알아두어야 할 일은 百濟는 馬韓의 後裔로 馬韓을 母體로 해서 建國되고 誕生된 勢力으로 看做되고 斷定된다는 事實인 것이다.

一. 馬韓의 建國

注意를 喚起시키기 위해서 다시 한번 말하지만 荒淫無道한 紂王의 暴政으로 中原의 殷나라가 周나라의 武王한테 亡하고 麥秀之嘆의 失意에 빠져서 고민하고 呻吟하던 箕子가 마침내 故鄕을 버리고 東進하여 箕子朝鮮을 建國하기에 이르렀다. 그는 東方에 定着하게 된 것이다.

500餘年의 長久한 歲月을 無事히 維持하고 保存했으나 戰國時

代때 燕나라의 謀反者이었던 衛滿이 와서 箕子朝鮮의 王儉城을
奪取하고 占據하자 箕準이 배를 타고 大洞江으로 내려와 西海로
脫出하였다. 그는 西海를 南下하여 지금의 萬頃江 河口로 들어서
서 湖南高速道路 全州인터체인지 바로 위쪽인 河川쪽으로 上陸
하여 三禮邑쪽으로 들어선 것으로 보인다. 옛날은 그곳까지 바닷

물이 들어 왔을 것으로 보이는 것이다.
　箕準은 그 곳에 定着했으며 옛 故鄕인 中原의 韓나라 사람들을
불러들여서 馬韓을 建國한 것이다. 箕準이 馬韓을 建國하고 都邑
한 곳이 지금의 益山 金馬땅에서 三禮에 걸친 一圓인 것으로 보
인다. 나중에 가서 자세한 말이 나오지만 百濟의 慰禮城이 그 곳
에 位置하고 있지 않았을까 생각되는 것이다.
　비록 部族社會의 적은 規模이기는 하였겠지만 箕子朝鮮의 後
孫인 箕準 一行이 上陸하여 定着하고 세운 나라가 馬韓이다. 이
때가 지금으로부터 約 2300年 前의 일이 되며 百濟가 建國되기
約 300年 前의 일이 된다.
　그 後 오래지 않아 戰國時代의 末期에 접어들면서 中原의 大陸
을 統一한 秦始皇의 秦나라한테 滅亡當한 韓나라—箕子의 故鄕
이자 옛 殷나라 地域에 세워져 存在했던 戰國時代때의 나라—의
難民들이 同族이 세워 살고 있는 馬韓을 찾아 구름떼처럼 자꾸만
몰려들자 넘치는 人口를 감당할 길이 없어 그들을 東쪽으로 보내

살게 했다. 그들이 세운 나라가 辰韓이고 弁韓인 것이다. 人跡未
踏인 이곳 新天地에서 마침내 三韓時代를 열어가게 된 것이다.

　이때 이 곳 馬韓이 中原의 韓나라에서 몰려오는 難民을 받아들
여 三韓時代를 열어가는 關門의 役割을 했다 했음은 箕子朝鮮의
起源과 三韓推考의 글에서 開陳한 바 있다. 이런 事實은 古代의
歷史的 實存의 足跡이 낱낱이 證明하고 있는 일이며 事實을 赤裸
裸하게 確認할 수 있는 일로써 否認될 수 없는 歷史的 眞實이 아

닐 수 없는 것이다.

　今時初聞의 일로 사람들은 전혀 모르고 있었던 일이었을 것이
지만 金馬와 三禮를 中心으로 한 옛 馬韓땅의 領域이 헤아릴 수
없이 건널목이 많은 百濟로 불리고 表記되어온 땅이었던 것이다.
百濟는 다른 한편으로 百淺이라는 別名으로도 불리고 있었던 것

으로 보인다.

　앞에서 잠깐 言及한 일이 있지만 鴨綠江 건너 北쪽의 大陸인
滿洲땅의 수풀 속에서 發見된 高句麗의 廣開土大王碑에 百濟가
百淺으로 表記되어 銘刻되고 있음을 보게 되는 것이다. 어찌하여
廣開土大王의 碑文에 百濟가 百淺으로 表記되어 있는지 이제까
지 사람들은 그 理由를 全然 모르고 있었다. 百濟라는 國名은 없
고 다만 百淺을 海破했다고 記錄되어 있어 理由를 모른 채 疑問

으로 남아 있었던 것이다.

　어찌 하여 百濟가 百淺으로 불렸던 것이었을까? 百淺은 물에
잠긴 낮은 곳이 無數히 많다는 뜻이 되는 것이다. 廣開土大王碑
에 銘刻되어 있는 百淺의 單語는 오랜 風霜으로 磨滅이 甚해 解
讀이 어려워서 百殘으로도 判讀될 수 있을 것이다. 그러나 百殘
의 경우도 물에 잠겨 생긴 땅봉우리가 無數히 많다는 뜻으로 百
濟 百淺 百殘이 同義語인 大同小異의 槪念이 된다 할 수 있을 것
이다.

　그렇다면 百濟와 百淺 또는 百殘을 象徵할 自然條件을 갖추고
있는 地域이 실제로 存在하는가의 與否가 궁금한 일이 아닐 수
없을 것이다. 그러나 그런 地域이 실제로 存在하는 것이다.

　그 곳이 어느 地域이냐 하면 옛 馬韓이 都邑했던 馬韓땅의 一
帶인 것이다. 馬韓이 都邑했던 地域의 自然條件이 象徵的으로 浮
刻되어 地名化되고 後에 百濟라는 나라 이름으로 固着된 것으로
보인다.

　이로 미루어 보면 百濟는 틀림없이 馬韓땅에서 起源되었으며
馬韓을 母體로 해서 建國된 馬韓의 後裔임이 分明하다 할 것이
다. 歷史的인 足跡이 그런 事實을 모두 뒷받침하고 있으며, 東方
民族이 起源된 여러 가지 情況으로 미루어 보아서 이는 疑心의
餘地가 없는 眞實에 틀림이 없다 할 것이다.

그렇다면 百濟가 建國되고 起源된 母體의 馬韓땅이 어찌 하여

건널목이 헤아릴 수 없이 그토록 많았으며, 물에 잠긴 낮은 곳과

물 속에서 머리를 내밀고 있는 땅봉우리가 無數히 많았는가 하는

事實이 糾明되어야 하고 考證되고 證明되어야 할 것이다.

　　이미 2000年의 長久한 歲月이 흘러간 옛 일인지라 아스라이

옛 일을 回顧하면서 그런 輪廓의 모습을 그려볼 수 있을 뿐, 지금

은 모두 陸地와 農耕地로 變하여 百濟나 百淺 또는 百殘의 옛 모

습은 찾아볼 수 없는 것이다.

　　그러나 그 곳이 옛날은 分明히 건널목이 無數히 많았고 물에

잠긴 낮은 곳과 목만 들어 내밀고 있는 땅봉우리가 많았던 百濟

와 百淺 또는 百殘의 땅이 틀림 없었을 것으로 짐작되는 그런 輪

廓은 그려볼 수 있는 것이다. 더욱 重要한 일은 慰禮城 앞에 있었

다던 漢水가 잠겨 있었던 넓은 地帶의 領域을 確認할 수 있었다

는 点이다.

　　우선 百濟와 百淺으로 일컬어질 그 地域이 三國史記에 올라 있

는 "高岳을 등지고 漢水를 앞에 한 慰禮城이 있었다. 南으로는 들

판이 形成된 平野地가 펼쳐져 있었고 西로는 바다에 臨하고 있

다"는 記錄과 一致하고 符合되느냐 하는 点이다.

　　東西로 길게 뻗은 高岳도 確認이 되며 史記에 記錄된 萬頃 같

은 많은 물이 고여 있었을 것으로 보이는 漢水地帶도 確認할 수

있었다. 南으로 限없이 펼쳐진 넓은 平野地도 틀림없이 있으며
西로 바다에 臨하고 있는 事實도 記錄과 一致하고 있다.
　다만 그 地域의 土質이 洪水에 씻겨 내려가기 쉬운 砂土成分이
어서 流失이 想像外로 甚해 2000年의 歲月이 흐른 지금은 다만
옛 輪廓을 그려볼 수 있을 뿐 그 前날의 形迹을 찾아보기 힘든 큰
變化를 가져왔다는 사실인 것이다. 그런 立地의 自然條件 때문에
百濟가 그 곳을 떠났고 옛 形迹을 찾기 어려운 것으로 보인다.
　그러나 사실은 百濟가 自意에 依해서 慰禮城을 떠난 게 아니라
侵略을 받고 燒失된 다른 要因으로 떠난 일이 確認되고 있는 것
이다. 가면서 차차 이야기하기로 할 것이다.

　正確히 考證한 일은 아니지만 그곳 馬韓地域에는 古都里라든
가 王宮里 같은 百濟의 옛 都邑地를 聯想시키고 象徵하는 地名이
남아 있다. 또 三禮라는 異色的인 地名이 있음도 確認할 수 있는
것이다.
　三禮라는 地名이 多分히 慰禮城과 關係될 수 있었을 일로써 百
濟의 옛 都邑地에 慰禮城이 있었으면 東禮城이라든가 西禮城 같
은 城도 當然히 있을 수 있었을 것이다. 이 또한 正確히 考證된
일은 아니지만 三禮라는 地名도 세 禮城이 있었던 緣故에서 由來
되지 않았을까 생각되는 것이다.

忠南의 論山에서 江景地域의 들을 거처 益山의 金馬땅으로 이어지면서 完州의 三禮와 封東에서 全州를 휘감는 萬頃江 流域의 湖南平野가 埋沒되고 埋立하는 整地作業으로 農耕의 陸地가 되고 平野地가 되어 지금은 穀倉地帶로 變해 있다. 桑田이 碧海가 되었다고나 할까. 今昔之感이 無常한 일로 큰 變化를 가져오고 있는 것이다. 지금은 그렇지만 그러나 옛날은 아주 判異한 風景이었을 것이다.

낮은 곳은 온통 바닷물인 潮水가 들어왔다 나갔다 하는 바다이고 높은 곳은 땅봉우리가 고개를 쳐들고 있는 陸地이었을 것이다. 또 完州의 三禮와 封東으로 이어지는 湖南高速道路의 東쪽 안쪽인 全州一圓은 高山 等의 上流地域에서 내려오는 빗물이 고여 잠기는 그야말로 엄청나게 큰 물의 漢水地帶였던 것으로 보이는 것이다.

요즈음 사람들이 들으면 자다가 封窓을 쥐어뜯는 무슨 虛荒된 헛소리이냐 할지 모를 일이다. 그러나 漢水의 많은 물이 잠겨 있던 分明한 證據가 있는 것이다.

如何튼 그런 自然條件 때문에 그 고장이 自然히 건너다녀야 할 건널목이 많고 물속에 잠긴 땅봉우리가 無數히 고개를 내밀고 있던 百濟와 百淺 또는 百殘의 고장일 수밖에 없었던 것이다. 自然條件의 地形이 그렇게 생겨 있었기 때문이다.

地理的 自然條件이 그렇게 되어 있었기 때문에 건널목이 數도 없이 많다는 百濟로 불렸던 것으로 보인다. 실제로 그 一帶의 地理的 條件을 鳥瞰해 보고 地形의 形態를 綿密히 分析해 보면 고개가 끄덕여지면서 充分히 그럴 狀況이었을 것이라는 可能性을 排除할 수 없게 되는 것이다.

三國史記에 記錄된 百濟의 옛 都邑地에 있었다던 慰禮城이 益山의 金馬땅에서 完州의 三禮와 封東에 이르는 높은 山을 背景으로 해서 位置하고 있었던 것으로 보인다. 高岳을 등지고 慰禮城이 있었다는 高岳이 東西로 길게 누워 있는 現地를 確認할 수 있었지만 岩石의 山이 아니고 砂土質의 成分이어서 오랜 歲月 동안의 洪水에 씻겨 流失되고 허물어지면서 甚하게 훼손되어 옛 모습은 아닌 것으로 보인다. 큰 變化를 가져온 흔적이 到處에 보이고 있기 때문이다.

사람들은 當치도 않게 무슨 뚱딴지 같은 소리이냐 할지 모르지만 全州와 完州는 原來의 이름이 물 가운데라는 뜻의 州字를 쓴 全州와 完州였던 것으로 보인다. 어찌 그러느냐 하면 그 一帶가 온통 물에 잠긴 곳으로 "完全히 물바다요 全部가 물 天地이다"라는 그 地域의 특수한 輿件과 立地條件 때문에 全州와 完州의 地名이 由來된 것으로 생각되기 때문이다.

全州와 完州의 地名이 언제부터 붙여지고 呼稱되었는지 알 수 없으나 그 때까지 全州와 完州는 모두 물에 잠겨 있었던 것으로 보인다. 別度로 證明이 되어야 하겠지만 全州와 完州의 地名이 그 地域 一帶가 完全히 물에 잠긴 漢水였음을 示唆하는 明白한 證據가 될 것이다.

三禮에서 封東과 全州에 이르는 그 一帶가 가득히 물에 잠겨 있었고 바로 三國史記에 記錄된 慰禮城 앞의 漢水임이 分明할 것이다.

그렇다면 정말로 그 地域이 完全히 물에 잠겨 있던 곳에서 由來한 完州와 全州로 일컬어질 만한 많은 물이 있었던 곳이며 漢水라 불릴 湖水 같은 큰 물이 있었을 것인가? 사람들은 믿지 못하겠다고 고개를 설레설레 내흔들어도 充分히 그 곳에 漢水의 많은 물이 있고도 남았을 것으로 判斷되는 것이다. 그러나 그건 어디까지나 著者의 一方的인 主張일 뿐 지금부터 실제로 그 곳에 漢水가 存在하고 있었는가의 與否를 確認하고 考證해 보기로 할 것이다.

우선 湖南高速道路上으로 視線을 옮겨보기로 할 것이다.
益山 金馬인터체인지에서 全州로 가는 湖南高速道路는 짧은 區間이기는 하지만 낮은 野山과 언덕을 따라 달리고 있다.

高速道路로 變한 이 野山과 언덕이 가로막고 그 옛날 完州와 全州一帶를 漢水地帶로 만들고 있었던 것이다. 高速道路의 이 낮은 野山과 언덕이 三禮에서 封東과 全州로 이어지는 東쪽의 넓은 領域을 가로막고 그곳 一帶를 盆地로 만들어서 물을 담고 있었다는 事實에 留意하는 바 있어야 할 것이다.

奇妙하게도 그 곳의 地理的 自然條件은 湖南高速道路로 바뀐 丘陵이 가로막고 있는 以上, 그 안의 넓은 領域에 잠겨 있는 물이 西쪽 바다로 빠져나갈 通路가 없으며 물길인 水脈이 全面 遮斷되고 封鎖되는 것이다. 어찌 할 수 없이 물에 잠길 수밖에 없으며 그래서 漢水가 되었을 것이다. 그런 理由로 慰禮城 앞에 漢水가 있었던 것으로 보인다.

直接 現地를 踏査하고 確認해 보면 알게 될 일이겠지만 萬頃江 流域의 그 一帶가 워낙 廣闊한 領域이기 때문에 自然히 물에 잠긴 건널목이 많은 百濟의 땅이 되고 깊은 곳이 많은 百淺의 땅이 되었던 것이다. 지금도 그런 모습을 보이고 있느냐 묻는다면 지금은 農耕의 平野地로 變해서 옛 모습을 찾아볼 수 없는 다른 樣相을 보이고 있다.

그러나 옛날은 건널목이 많는 百濟의 모습을 보이고 있었을 것이다. 특히, 1500年 前까지만 해도 湖南高速道路 東쪽의 그 곳에는 물이 가득히 담겨 있던 漢水地帶였을 것이다.

湖南高速道路의 全州인터체인지 北쪽 數百미터 地點에는 萬
頃江으로 이어지는 河川이 흐르고 있다. 옛날은 이곳이 언덕으로

막혀 있었고 그 언덕 밑까지 바닷물이 들어 왔다 나갔다 했던 것

으로 보인다. 어찌 그러느냐 하면, 1580年 前쯤 高句麗의 廣開土
大王이 배로 大軍을 몰고 와서 이곳으로 上陸하여 百濟 慰禮城을
攻擊한 흔적이 보이고 있기 때문이다.

그 이야기는 나중에 가서 펼쳐 보이기로 하고 앞에서 말한 河
川이 東쪽인 안에서 밖으로 나갈 수 있는 唯一한 水脈의 通路인
것이다. 西海로 빠지는 萬頃江의 上流에 해당되지만 만일 이 河
川의 水脈이 封鎖된다면 三禮에서 封東과 全州 一圓에 잠겨 있는

물은 한 방울도 밖으로 빠져 나갈 수 없으며 갇히고 만다. 自然히
그곳에 漢水가 形成될 수밖에 없는 것이다.

실제로 이 水脈의 通路가 1500年 前의 옛날에는 막혀 있었던
것으로 보인다. 湖南高速道路上의 山언덕으로 막혀 封鎖되어 있
었고 그래서 漢水를 이루고 있었던 것으로 보이는 것이다. 가서
現地를 踏査하고 確認해 보면 알겠지만 지금도 山언덕이었던 옛

흔적이 그대로 남아 있다.

그 河川地帶가 다른 곳보다 약간 낮은 地帶로 洪水때 많은 물
이 이곳으로 넘쳐 흘렀을 것으로 보인다. 그러나 그 後 人工이 加
味되어 잘리고 河川이 되어 水脈의 通路로 變해 있다.

湖南高速道路 全州인터체인지쪽에서 東北쪽을 向하여 멀리
觀望해 보니 그 옛날의 百濟 慰禮城과 앞에 있었을 漢水가 눈에
보일 듯 선하기만 하다.

如何튼 益山의 金馬地域에서 完州의 三禮를 거쳐 封東에 이르
는 긴 行路에는 高岳을 등지고 그 앞에 널따란 盆地가 形成 되어
있다. 完州와 全州 一圓에 걸쳐 形成 된 盆地가 그 옛날 물로 가득
찬 漢水였을 것으로 짐작되는 것이다.
또 南으로는 멀리 金堤平野와 自古로 天府의 땅이라 일컬어져
왔던 扶安平野로 이어지는 肥沃한 平野地가 펼쳐져 있다. 西로는
西海의 바다에 臨하고 있는 것이다.
그 곳이 옛 馬韓이 都邑한 地域이었지만 三國史記에 記錄된 高
岳을 등지고 漢水를 앞에 한 慰禮城이 있었다. 南으로는 平野地
가 펼쳐져 있으며 西로는 바다를 臨하고 있다는 表現과 한치 어
그러짐이 없이 一致하며 符合되고 있는 것이다. 斯界의 專門人에
依한 踏査가 이루어지고 考證되어야 할 性質일 것이다.
건널목이 數없이 많은 百濟와 깊은 곳이 無數히 많은 百淺의
땅은 箕子朝鮮의 箕準이 浮海 南下해서 定着하여 開拓하고 建國
한 馬韓의 領域이 틀림없을 것이다. 옛 馬韓땅을 除外하고는 百
濟와 百淺으로 불릴 만한 곳이 따로 없는 것이다.

따라서 百濟는 馬韓을 母體로 해서 誕生되고 馬韓에서 起源된 馬韓의 後裔임이 틀림없는 것이다. 이는 疑心의 餘地가 없는 眞實이 아닐 수 없을 것이다.

그러므로 公州의 60年과 扶餘에서의 120年 以前의 百濟가 500年동안을 都邑하고 存續한 땅은 馬韓의 고장이 된다 할 것이다.

箕子朝鮮의 領域에서는 箕子朝鮮의 北進人脈에 依해서 高句麗가 起源되고 誕生되었다. 辰韓에서는 新羅가 誕生되었다. 그렇다면 百濟는 어느 地域에서 起源되었을까? 三韓 가운데 가장 먼저 建國되고 辰韓과 弁韓을 起源시킨 關門役割까지 한 馬韓만이 唯獨 흔적도 없이 사라질 수 있는 일은 아니었을 것이다. 馬韓에서는 百濟가 誕生된 것이다. 眞實與否를 確認하기 爲해서는 東方民族이 形成된 古代의 歷史的인 事實에 대한 考證이 加해져야 할 것이다.

一. 廣開土 大王의 百淺 海破

어떤 理由에서 五百年 都邑地의 百濟歷史가 뿌리채 失踪되고 찾을 길이 없었던 일이었을까?

놀라운 일이 아닐 수 없지만 失踪되어 찾을 길이 없었던 百濟의 五百年 都邑地를 찾을 수 있는 決定的이고도 貴重한 端緖와

資料가 있음을 發見하게 되는 것이다. 아리송한 말로 앞에서 여러번 흘리고 온 高句麗의 廣開土大王碑가 百濟의 五百年 都邑地인 慰禮城이 失踪된 秘密을 풀어줄 열쇠를 쥐고 있는 것이다.

高句麗가 誕生된 北쪽 大陸인 滿洲땅의 수풀 속에서 1600年동안을 잠들어 있다가 近來에 들어서서야 劇的으로 그 모습을 드러내고 世上을 놀라게 한 高句麗의 廣開土大王의 石碑에 놀라운 歷史的 事實인 百淺 海破라는 記錄이 銘刻되어 있는 것이다. 高句麗의 廣開土大王이 바다로 나가서 百淺을 攻擊하고 破滅시켰다는 것이다.

高句麗의 廣開土大王碑에 새겨진 百淺이 도대체 어느 나라의 어느 곳을 指稱하고 있었던 일이었을까? 廣開土大王碑에 새겨진 百淺 海破라는 이 네 글자의 記錄이야말로 失踪된 百濟의 500年 都邑地를 찾아낼 決定的인 端緒가 아닐 수 없으며 貴重한 資料가 되는 것이다.

그 동안 廣開土大王碑에 새겨진 百淺이 어느 나라의 어느 곳을 指稱하고 있는 것인지 아무도 理解할 수 없었다. 잠들어 있는 廣開土大王을 깨워서 물어볼 수 있는 일도 아니고 해서 그저 疑訝로운 일로 생각되었을뿐 迷宮으로 남은 채 解讀되지 않고 오늘에 이르렀다.

或者는 日本의 어느 곳인가를 攻擊해서 擊破했을 것이라는 等

여러 가지 意見과 區區한 臆測이 紛紛하기만 했던 것으로 보이나 끝내 解明되지 않았고 수수께끼는 풀리지 않았다. 끝내 理解에 到達하지 못한 것이다.

　이 글의 著者도 數十年 前 百淺 海破의 碑文을 接하고 百淺이 百濟를 指稱하고 있었음을 어렴풋이 짐작하고는 있었던 일이지만 그러나 確證도 없었을 뿐더러 百濟가 三國의 하나로 엄연히 健在해서 存在하고 있었는데 도대체 百濟의 어느 곳을 배로 攻擊하고 擊破했다는 말인지 잘 理解가 되지 않았던 일이다.

　이는 필시 覇權指向의 英雄主義 氣質인 廣開土大王의 誇張된 豪氣와 虛勢의 發露에서 記錄한 것이려니 여겨졌던 것이다. 적이 疑訝하게 생각하기는 했었지만 無心히 지나쳤던 일이다.

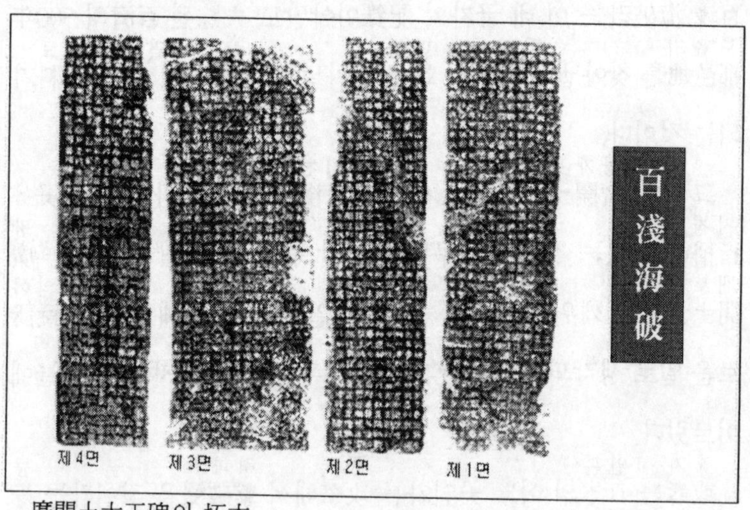

廣開土大王碑의 拓本

歲月이 많이 흘러간 나중에 가서야 생각이 미치게 되어 啞然
緊張되어 考證한 일이지만 高句麗의 廣開土大王碑에 銘刻되어
있는 百淺 海破의 記錄이 전연 事實無根의 虛傳이 아닐뿐 아니라
虛張聲勢의 誇張도 아님을 알게 되었다. 그 碑文의 記錄이 事實
이었던 것이다. 百淺은 結局 百濟를 指稱하고 있었다.

실제로 高句麗의 廣開土大王이 海上으로 浸透해서 百濟의 慰
禮城을 擊破했으며 그 碑文의 記錄이 虛僞가 아닌 眞實임을 確認
하기에 이르른 것이다. 따라서 高句麗의 廣開土大王이 海上으로
侵攻해서 勝利로 이끌고 百濟의 慰禮城을 송두리채 破壞했음이
歷史的인 眞實이 되는 것이다.

그러니까 高句麗의 廣開土大王이 멀리 배를 타고 나가 百淺이
라 이름하는 百濟 慰禮城을 攻擊해서 擊破하고 焦土化시켰으며
百濟이기 以前에 옛 馬韓의 都邑地이고 後에 百濟가 都邑한 그
一帶를 황소가 뭉갠 쑥밭으로 만들었던 모양이다. 불태우고 파헤
치고 무엇 하나 남아있지 못하도록 悽絶하게 破壞한 것으로 보인
다. 廣開土大王의 攻擊으로 百濟의 慰禮城은 地上에서 사라진 것
이다.

오랜 戰爭으로 이어졌겠지만 結局 高句麗의 廣開土大王은 大
勝의 凱歌를 올린 것으로 보인다. 强弱이 不同인지라 劣勢인 百
濟는 敗亡하였고 이 때의 敗亡으로 百濟의 都邑地인 慰禮城이 모

두 燒失되어 흔적도 없이 사라진 모양이다. 勢가 不利한 百濟는
敗亡하고 별 수 없이 달아났겠지만 多幸했던 일은 아직도 再起할
餘勢가 남아 있었고 系統을 지켜갈 主體가 健在하고 있었다는 事
實이다.

一. 日本에서의 高句麗와 百濟間의 勢力 다툼

廣開土大王의 碑文에 銘刻되어 있는 百淺 海破는 虛構의 誇張
에서 비롯된 記錄이 아니라 그가 실제로 百濟의 慰禮城을 攻擊하
여 歷史에서 形迹도 없이 사라지게 한 일이 事實로 드러났다.
어째서 高句麗의 廣開土大王은 百濟의 慰禮城을 侵略했으며
不意에 攻擊하고 破壞해서 焦土化시키고 말았을까? 그의 意圖한
底意가 무엇인지 아리송하고 不分明한 일이 아닐 수 없는 것이다.
高句麗의 廣開土大王이 百濟의 領土를 탐내고 慰禮城을 攻擊
해서 破壞한 것으로는 보이지 않는다.
어찌 그러느냐 하면 廣開土大王은 百濟의 慰禮城만을 攻擊하
고 破壞해서 잿더미로 만들었을 뿐, 다른 領土의 侵略行爲를 한
흔적없이 그냥 撤收한 것으로 보이기 때문이다. 그렇다고 할 일
이 없어서 심심풀이로 한 行爲는 아니었을 것이다.
그렇다면 廣開土大王의 心中을 크게 刺戟하고 그를 激憤시켜

단숨에 百濟의 慰禮城을 攻擊해서 모두를 불태워 焦土化시킨 動機나 原因이 반드시 있었을 것이다. 그 動機가 무엇이며 그 底意의 要因이 도대체 무엇이었을까? 큰 疑問이 아닐 수 없지만 무엇인가 나름대로의 必有曲折이 있었을 것이다.

우선 百濟와 領土的 軋轢으로 紛爭이 있었던 흔적은 보이지 않는다. 그런 軋轢이 있었다면 百濟가 事前에 充分한 對備策을 講究해서 防護에 臨했을 일이지 無防備 狀態로 泰然하게 앉아 있다가 그토록 호락호락 一方的으로 當하고 亡했을 일은 아니었을 일이기 때문이다.

그렇다면 廣開土大王으로 하여금 理性을 잃게 만들어 百濟의 慰禮城을 攻擊하여 焦土化시키고 滅亡으로 이끈 남모를 原因이 반드시 있었을 것이다.

도대체 百濟의 慰禮城을 攻擊해서 滅亡시킨 그 動機와 原因이 果然 무엇이었을까?

이미 1600年이라는 기나긴 歲月이 흐른 옛 일인지라 그 누구도 廣開土大王의 속 마음까지 헤아릴 수 있는 일은 아닐 것이다. 따라서 이 글의 著者도 그 理由를 알 수 있는 일은 아닌 것이다. 그러나 짚이는 바가 全然 없는 일도 아니다. 무엇인가 짚이는 바가 있다. 正鵠에 的中할지의 與否는 壯談하기 힘들지만 한 번 그 짚이는 바가 무엇인지 이야기를 펼쳐 보이기로 할 것이다.

廣開土大王의 自尊心을 짓밟아 損傷시키고 치미는 憤을 抑制
하지 못하게 만들어서 그로 하여금 百濟의 慰禮城을 攻擊하게 하
고 불태워 깡그리 無로 만들어 버린 理由는 아마도 古代로부터
불려져 오랜 日本人들의 百濟에 대한 구다라라는 呼稱에서 原因
을 찾을 수 있지 않을까 推理해 볼 수 있는 것이다. ──無所不爲
의 權威主義者이고 多血質의 性急한 氣質이었던 廣開土大王을
狂的으로 충동시켜 理性을 잃게 한 事緣이 日本人들의 百濟에 대
한 구다라라는 呼稱 속에 있었던 것으로 보이는 것이다.
그런 可能性이 全혀 排除될 수 없는 要因이 있기 때문이다.
설마하니 남의 나라에 대한 呼稱 하나가 뭐 그리 大端한 일이
라고 구다라라는 呼稱 때문에 사람이 發狂하다시피 하여 남의 나
라都邑地를 侵攻해서 無數한 人命을 殺傷하고 모든 것을 남김없
이 破壞할 수 있겠느냐 反問할지 모를 일이다.
그러나 百濟의 慰禮城이 侵略當하고 破壞된 事實이 百淺 海破
의 碑文으로 明白히 確認되는 일이니 廣開土大王의 獨善的인 思
考方式이나 그의 良識을 지금 사람들이 判斷할 수 있는 性質은
아닐 것이다.
그렇다면 日本人들의 百濟에 대한 구다라라는 呼稱이 도대체
어떻다는 말이냐 하면서 궁금한 일이 아닐 수 없다 할 것이다.

高句麗의 廣開土大王이 百濟의 慰禮城을 攻擊하고 모든 것을 破壞해서 황소가 뭉갠 쑥대밭으로 만든 原因과 理由를 알기 爲해서는 먼저 古來로부터 불려져 온 日本人들의 三國에 대한 呼稱부터 알아 보아야 할 것이다.

高句麗의 日本語 呼稱은 고구라이이고 新羅에 대한 呼稱은 시라기이다. 이들 두 나라에 대한 呼稱은 거의 原音에 가까운 것이다.

그런데 어떤 理由에서인지는 알 수 없으나 唯獨 百濟에 대한 呼稱만이 얼토당토않게 구다라로 불리고 있었던 것이다. 奇想天外한 일로 原音과 가까운 近似点이 全혀 없다. 出處不明의 呼稱이라 할 수 있는 것이다. 앞의 例에 따르기로 한다면 百濟는 日本語 發音으로 하다 못해 바구자이 程度로 읽혀야 옳은 것이다. 그러나 原音과 전혀 關係가 없는 구다라로 읽히고 있으니 奇異한 일이 아닐 수 없다.

도대체 어찌 해서 百濟만이 原音에서 동떨어진 發音이라 할 수 있는 구다라로 불려지고 있었을까? 반드시 남 모를 必有曲折이 있었을 것이다. 아마도 出處不明의 구다라로 불리게 된 曲折은 다음과 같은 理由에서 그 原因이 찾아질 수 있을 것으로 보인다.

動機와 由來는 어찌 되었든지 間에 日本 사람들은 애당초 百濟

를 自己네들의 祖上되는 나라로 생각하고 故國으로 여기고 있었
던 것으로 보인다. 現地의 그들 日本人들이 百濟를 先祖의 나라
인 故國으로 여기고 있었다면 그런 事實은 누구도 否認할 수 없
는 歷史的인 眞實이 아닐 수 없을 것이다.

그렇다면 日本人들이 百濟를 祖上의 나라인 故國으로 認識하
고 있었던 일이 事實이며 事實이라면 그렇게 認識하고 있었던 槪
念은 어떤 根據에서 由來하고 있었던 일이었을까?

지금 當場 그 根據를 確認할 수 있는 性質은 아니지만 아마도
그런 認識의 槪念은 저 멀리 馬韓 사람들이 前人未踏의 日本땅에
처음으로 進出해서 定着하게 된 歷史的 事實에서 由來하지 않았

을까 생각되는 것이다.

具體的으로 다시 한번 敷衍해서 말한다면 옛 日本人들이 百濟
를 先祖의 나라로 여기던 槪念은 有史以來 처음으로 馬韓사람들
이 日本땅에 上陸하고 定着했으며 뒤이어 馬韓의 後裔인 百濟사
람들이 日本으로 進出해서 定着하게 된 데에서 由來한 것으로 보

이는 것이다.

古代의 日本이 제일 처음 馬韓사람들과 馬韓의 後裔인 百濟사
람들이 移住해서 形成된 社會이라면 馬韓이 亡하고 없는 마당에
그들이 百濟를 祖上의 나라인 故國으로 생각하고 있을 일이야 너
무나 當然한 理致가 아닐 수 없는 것이다. 事實與否는 앞으로 가

면서 차차 證明해 보이기로 할 것이다.

　여기에서 日本사람들은 勿論이지만 사람들이 留意해서 알아
두어야 할 일은 先祖의 나라인 故國의 俗語는 옛구의 舊字를 쓴
舊나라이라는 事實이다. 옛 나라라는 뜻이다.
　日本땅으로 進出해서 定着하고 살던 馬韓과 馬韓의 後裔인 百
濟의 現地 歸化人들은 馬韓은 亡해서 이미 없어진 狀態인 關係로
馬韓의 後裔인 百濟를 先祖의 나라인 故國이라 생각했고 俗語의
이름인 舊나라로 불렀던 것으로 보이는 것이다. 걸핏하면 우리
구나라 우리 구나라를 連發하면서 남다른 愛着을 보이고 있었던
것으로 보이는 것이다.
　그게 事實이라면 百濟를 바구자이가 아닌 구나라로 불렀을 일
은 當然한 일이었을 것이다.
　사람들이 오랫동안 隔離되어 살다 보면 그들이 驅使하는 言語
에도 自然히 變化가 따를 수밖에 없을 것이다. 구나라가 어느 새
구다라로 바뀌게 된 것으로 보인다. 없어진 馬韓을 代身해서 百
濟가 그들의 故國이 되어 구다라로 呼稱되게 된 緣由일 것이다.

　百濟를 뜻하는 구다라는 다른 한편으로 구다라나이라는 말로
도 쓰이며 活用되고 있다. 구다라나이는 별 볼 일이 없고 시시하

기만 하다는 뜻의 日本語이다. 희한한 느낌이 들지만 구다라나이
라는 말 또한 語義의 出處가 舊나라無에서 由來된 것으로 보이는

것이다.

百濟의 文物이 出衆하기만 했던 것으로 百濟인 舊나라 것과 比
較하여 全혀 比較되지 못하고 미치지 못하며 시시하다는 뜻으로
歸結되기 때문이다.

이로 미루어 본다면 馬韓과 馬韓의 뒤를 이은 百濟는 그들 歸
化人한테 故國이나 祖國인 事實에 틀림이 없는 것이다. 이를 뒤
집어서 말하면 日本의 先着民은 馬韓과 馬韓의 後裔인 百濟人이

된다 할 것이다.

이런 過程으로 形成된 그들 日本人이 百濟를 舊나라의 뜻인 구
다라로 부르게 된 일이 極히 自然스런 일이고 當然한 일일 것이
다. 百濟를 구다라로 부른 일이 何等 異常할 게 없는 것이다.

百濟를 구다라로 부른 呼稱은 馬韓과 뒤를 이은 百濟가 그들의
先祖이고 祖上인 明白한 證據가 될 것이다.

當然한 일이었겠지만 百濟의 慰禮城은 日本으로 사람과 文物
을 傳達하는 窓口役割을 도맡아 하고 있었으며 百濟人들이 日本
社會를 이끌어 가는 支配層으로 君臨하면서 모든 方面에 걸쳐 絶
對的인 影響을 미치고 있었던 것으로 보인다. 이게 禍根이 되어
廣開土大王의 攻擊을 받고 百濟의 慰禮城은 흔적도 없이 사라지

게 되는 것이다.

　　옛 日本人들이 百濟를 舊나라인 구다라로 불렀다는 事實은 自己들이 옛 나라인 馬韓이 지금 百濟가 되었다는 뜻을 示唆하고 있는 것이다. 百濟........? 거기가 우리 옛 나라야 하는 뜻이 되는 것이다. 이로 미루어 본다면 百濟의 前身이 馬韓임을 알게 되는 것이다.

　　따라서 馬韓人이 가장 먼저 日本땅에 上陸해서 定着한 民族이라는 事實로 歸結될 것이다. 그렇다면 馬韓을 비롯해서 百濟사람들이 어느 때부터 日本땅으로 進出하게 되었을까? 그들이 日本땅으로 처음 進出하게 된 時期를 헤아려 본다는 일 또한 여간 至難한 일이 아닐 수 없을 것이다. 그러나 全然 豫測이 不可能한 일만도 아닌 것이다.

　　馬韓이나 百濟사람들이 처음으로 日本땅으로 건너가 日本民族을 起源시킨 年代의 時期를 헤아려보기 爲해서는 아무래도 大陸의 中原에서 殷나라의 箕子를 따라 東方으로 처음 民族이 移動해온 經路를 더듬어 綿密히 分析하고 類推해 보아야 할 것이다.

　　東方으로 온 箕子는 定着하고 箕子朝鮮을 建國하였다. 사람들은 이 나라를 古朝鮮이라 부르고 있다. 箕子朝鮮의 領域에서 北의 滿洲인 大陸으로 進出한 人脈에서 大陸國인 高句麗가 建國되었다.

箕子로부터 500年쯤 後에 箕子朝鮮의 箕準이 燕나라의 衛滿한
테 王儉城을 奪取當하고 쫓기어 바다로 도망해서 배를 타고 南下
하여 지금의 益山 金馬땅에 上陸하여 馬韓을 建國하였다. 馬韓땅
에 처음으로 사람이 살게 된 것이다.

그런데 이곳 馬韓에서 사람들이 직접 日本땅으로 건너가 進出
한 것으로는 보이지 않는다. 이 때가 지금으로부터 2300年 前쯤
되지만 初期의 馬韓에서 日本으로 건너갈 만한 航海術도 없었지
만 人口 또한 적었기 때문이다.

그렇다면 馬韓에서 섬인 日本땅으로 사람이 처음 건너가게 된
始初는 아무래도 훨씬 後인 秦始皇의 難으로부터 실마리를 찾아
야 하지 않을까 생각되는 것이다.

秦始皇의 秦나라가 大陸의 中原을 統一시키면서 難이 일어날
때 中原의 옛 殷나라 地域을 자리잡고 있던 韓나라 사람들이 이
難을 避해 自己들의 同族이 먼 東方에 나라를 세워 살고 있는 馬
韓을 찾아 몰려오게 되었다.

그들은 陸路를 따라 오기도 했겠지만 一部는 長江인 揚子江을
따라 배를 타고 내려와서 九死一生으로 茫茫한 바다를 건너 馬韓
을 찾아 몰려오게 되었다. 이 때 그들 가운데 많은 사람들이 榮山

江으로 곧장 進入하여 그 流域에 定着하고 살았던 것으로 보인
다.

　榮山江으로 進入하여 그 流域에 定着해서 살고 있던 이들 馬韓
人들의 一部가 前人未踏인 日本땅으로 건너가 上陸하고 定着해
서 살게 된 始初의 사람들이 아닐까 생각되는 것이다. 이런 見地
에서 類推해 본다면 日本 民族을 起源시킨 始祖는 當然히 馬韓사
람들이 될 것이다. 이들이 馬韓의 後裔인 百濟를 구나라의 뜻인
구다라로 부르게 된 것으로 보인다.

　그러면 어떤 根據에 立脚해서 榮山江 流域에 살던 馬韓人이 有
史以來 처음으로 日本땅에 上陸하고 進出해서 日本民族을 起源
시켰을 것이라는 斷定을 내릴 수 있을 일이겠는가?

　그 理由는 다름이 아니라 古代의 日本人들이 馬韓의 後裔인 百
濟를 옛 나라인 구다라라고 부른 것으로 보아서 馬韓사람들이 일
찍부터 日本땅으로 건너간 일은 틀림없는 事實이 아닐 수 없는
것이다. 中原의 韓나라로부터 馬韓땅에 와서 定着하고 살던 사람
가운데 넓은 바다를 接하고 살던 榮山江 流域의 사람들이 배를
다루는 솜씨가 뛰어나서 먼 바다까지 航海를 할 수 있었을 일이
기 때문이다.

　民族의 移動한 經緯와 理致가 그러 하다니 一旦 首肯하기로 하
고 馬韓사람들이 제일 처음으로 日本땅을 밟은 것으로 假定해 두

자. 그러면 馬韓人들이 日本땅으로 처음 건너간 時期는 언제쯤으로 推定될 수 있을 것인가?........이 또한 難解한 質問이 아닐 수 없지만 아마도 2100年 前에서 2000年 前의 사이가 되지 않을까 推定해 볼 수 있을 것이다.

殷나라의 箕子가 東方으로 처음 와서 東方民族을 起源시킨 때가 2900年 前의 일이고, 箕子朝鮮의 箕準이 三韓땅에 와서 사람이 처음으로 살게 된 때가 2300年 前의 일이 된다.

秦나라의 難이 2200年 前의 일이 되니까 榮山江 流域의 馬韓사람들이 日本땅으로 처음 건너가게 된 時期는 아무래도 一, 二百年 後가 되는 2100年 前에서 2000年 前의 사이가 아닐까 생각해 볼 수 있을 것이다.

紀元 二, 三世紀頃에는 日本땅에 相當히 많은 人口가 形成되어 살고 있었던 것으로 보이는데 榮山江 流域의 馬韓人이 처음으로 日本땅에 進出해서 살기 始作한 時期가 紀元 前 一世紀頃부터이라면 이는 크게 矛盾되는 論理가 아니지 않겠는가? 不過 二, 三百年의 歲月밖에 지나가지 않은 짧은 期間동안에 어떻게 그토록 많은 人口가 增加할 수 있는 일이겠는가 하는 疑問이 생길 수도 있을 것이다.

옛날은 疾病에 대한 防備策이 없고 壽命이 짧았다는 難点이야 있었지만 그러나 人口가 幾何級數的으로 增加할 要因이 있었던 것이다.

　사람이 일하고 먹고 쉬면서 오직 種族 保存을 爲한 生産行爲밖에 할 일이 없었다면 人口는 梅實 열매처럼 주렁주렁 매달려 短時日 동안에도 急速度로 膨脹하면서 增加할 수밖에 없을 것이다.

　다음의 鼓腹 擊壤歌를 보면 어찌 할 수 없이 人口가 急速度로 增加할 수밖에 없게 될 狀況을 理解하게 될 것이다.

日出而耕
日入而息
鑿井而飮
鼓腹擊壤
帝力於我何有哉

해 뜨면 나가 일하고

해 지면 들어와서 쉬다.

우물 파서 물 마시고

배 두들기며 땅 치고 노래 부른다.

내 배 부르면 그만이지

帝王의 힘이 나에게 무슨 아랑곳 있으리오.

옛날 사람들은 해 뜨면 나가 일을 해서 가꾸어 먹고 해가 지면 들어와서 잠자고 쉬는 일밖에 달리 할 일이 없었던 것이다. 해가

지고 나면 불빛도 없는데 캄캄한 방에서 쉬면 긴긴 밤을 그냥 잠
만 자고 쉬었겠는가. 모르긴 해도 부지런히 種族을 繁殖시키고
保存하는 生産手段으로 이어졌을 것이다.
　달리 制限할 方法도 없었을 테니 되는 대로 주렁주렁 아이를
낳았을 일일 것이다. 낳다 보면 한 雙의 夫婦가 금세 열 名도 넘
는 아이를 膝下에 거느리게 될 수도 있었을 것이다.
　그 아이가 어느새 자라 成熟期가 되기 바쁘게 또 種族을 繁殖
시킬 生産手段으로 이어졌을 일이니 人口가 폭발적으로 增加하
고 팽창할 수밖에 없었을 것이다. 人口가 急速度로 늘어날 일이
야 明若觀火한 일이 아닐 수 없는 것이다. 百年의 짧은 歲月동안
에도 數萬名에서 數十萬名의 人口가 幾何級數的으로 增加하게

되는 것이다.

　紀元 三, 四世紀頃에는 高句麗 百濟 新羅의 三國이 日本땅에서
서로 自己들의 勢力을 扶植시키기 爲해서 血眼이 된 채 角逐을
벌리던 時代이다.
　高句麗의 廣開土大王은 高句麗의 勢力을 日本에 接木해서 扶
植시키고 實權을 잡기 爲해 온갖 努力을 다 기울이면서 腐心하고

있었던 것으로 보인다.
　나름대로는 不足함이 없이 至大한 努力을 傾注하고 있었음에

도 不拘하고 이렇다 할 成果없이 結果는 항상 신통치 않았던 모양이다.

그 理由는 구다라로 튼튼하게 뿌리를 박은 百濟勢에 밀리면서 번번이 狼狽를 當하여 苦戰을 免치 못하고 있었던 것으로 보이기 때문이다. 廣開土大王은 坐不安席인 채 焦燥한 나머지 심사가 뒤틀려 오뉴월 홍어 속처럼 속이 부글부글 끓어 적지 않게 배알이 뒤틀려 있었던 것으로 보인다.

王 왈 "여봐라! 日本으로 進出해서 사는 우리 高句麗人들의 最近 生活하는 形便은 어떻게 되어가고 있으며, 그들의 地位 또한 向上되어가고 있는가? 아직도 그들의 活動이 如意롭지 못하고 實權을 잡지 못하고 있다는 말이냐?" 궁금하기 짝이 없어 焦燥한 나머지 묻는 廣開土大王앞에는 언제나 돌아오는 對答은 신통치 못했다.

臣 "現地 日本人들은 구다라나이 구다라나이를 連發하면서 콧방귀나 뀌고 고개를 설래설래 내흔드는 통에 高句麗人들이 勢力을 떨칠 수가 없어 苦戰하고 있다 하옵니다. 우리 구다라 우리 구다라하는 튼튼한 百濟勢에 밀려 어찌 해볼 道理가 없고 발 붙일 곳이 없다는 계속된 報告이옵니다."하는 反復된 대답에 그만 짜증이 일면서 머리끝까지 熱을 받아 怒氣가 폭발한 것으로 보인

다. 구다라나이라는 말이 廣開土大王의 비위를 건드려 그를 단단
히 激憤시킨 모양이다.

　구다라의 絕對的인 信望으로 威勢를 떨치며 그 곳 社會에서 得
勢하고 支配層으로 君臨하여 實權을 잡고 있는 百濟가 廣開土大
王을 한껏 焦燥하게 만들면서 多血質인 그를 크게 刺戟했던 일이

아니었을까 생각되는 것이다.

　그도 그럴 것이 馬韓의 先着民이 진작부터 日本땅에 進出해서
百濟를 舊나라인 구다라로 推仰하는 社會風土에서 實質的인 實
權을 잡고 支配層으로 君臨하게 된 百濟勢를 아무리 天下의 내로
라하는 廣開土大王일지라 하더라도 어찌 해볼 道理가 없었을 것

이다. 생각다 못해 그는 다른 곳에서 憤풀이를 하고 싶었던 모양

이다.

　때려 부수고 치는 일은 廣開土大王의 特技이자 타고 난 그의
長技이어서 드디어 그는 힘으로 誇示하고 百濟勢를 日本에서 遮
斷시킬 心算이었던 것으로 보인다.

　王 "내 이놈의 구다라라는 말조차도 끄집어 내지 못하도록 주

리를 틀어 콧대를 꺾어 놓고 말 것이다. 이 잘난 廣開土大王의 비

위를 건드려 내 自尊心을 짓밟아 까뭉갠 業報의 代價가 얼마나

慘酷하고 엄청난 災殃을 몰고 오는지 한번 똑똑히 본때를 보여줄

것이다. 日本땅에서 實權을 잡고 支配者로 君臨하여 宗主國 行勢

를 하며 하늘 높은 줄도 모르고 까불어대는 百濟의 이놈들을 단
칼에 腰折내고 搏殺을 내서 다시는 日本땅에 얼씬거리지도 못하
게 만들 것이다. 내 더는 참지 못하겠다. 여봐라! 당장 朝議를 召
集하도록 하여라!" 서릿발 같은 廣開土大王의 호통이 떨어진다.
　아뿔싸! 怒氣 沖天한 高句麗의 廣開土大王은 地獄의 閻羅大王
같은 일그러진 얼굴로 怒髮大發 드디어 百濟의 慰禮城을 攻略하
고 뭉개 버릴 決心을 굳힌 것으로 보인다. 바다 건너 日本의 엉뚱
한 곳에서 불똥이 튀어 百濟의 慰禮城은 마른 하늘에 날벼락을
맞게 되었다. 命이 頃刻으로 危殆로워진 것이다.
　百濟가 廣開土大王의 意中을 把握하고 있었다면 미리 對備해
서 危機를 謀免할 수 있었을 터이지만 이때 百濟는 日本의 百濟
勢를 支援하는 데만 精神이 팔려 골몰하고 있어서 廣開土大王의
意圖를 까맣게 모르고 있었던 것이다.
　臣 "百官이 모여 朝儀의 準備가 다 되었습니다. 大王殿下!"
　王 "百官들은 들으시오! 寡人은 日本에서 實權을 잡고 支配層
에 올라 宗主國 行勢에 餘念이 없으면서 하늘 높은 줄을 모르고
해롱대기만 하는 요 百濟놈들의 콧대를 사정없이 꺾고 宿願을 풀
것이오. 日本땅을 오락가락하며 支援하는 百濟의 慰禮城을 단숨
에 쳐서 荒廢化시키고 뿌리채 뽑아 없애겠다는 말이요! 다시는
日本땅에 얼씬거리지도 못하게 拔本塞源해 버릴 것이요. 그놈의

구다라나이 구다라나이를 함부로 지껄이지 못하도록 百濟의 慰
禮城을 攻擊하여 腰切내고 搏殺내겠다는 말이외다! 내 그 동안
捲土重來의 反擊을 加하기 위해서 切齒腐心 온갖 努力을 다 기울
여 보았지만 百藥이 無效이었소. 期必코 이 憤풀이를 하지 않으

면 견딜 수 없고 더 이상 참지 못하겠소!" 악을 바락바락 쓰는 그
의 畵像이 아무래도 무슨 큰 일을 내고야 말 것만 같다.

　　日本에서 百濟와의 勢力다툼에서 밀리게 된 高句麗의 廣開土
大王은 大國이라는 自尊心과 自己의 콧대 높은 矜持가 無慘히 짓
밟혀 損傷받게 되자 드디어 百濟의 慰禮城을 쳐부셔 버리겠다는
妄發이 發動한 것으로 보인다. 匹夫의 固執은 꺾을 수가 없다더
니 大王의 固執도 꺾이지 않을 모양이다.
　　臣 "大王의 決心이 그러하오시다면 百濟의 慰禮城을 搏殺내고
腰絶내는 것쯤이야 如反掌의 아주 쉬운 일이지요. 百濟를 攻擊하
신다면 陸路로 내려가실 것이옵니까?"
　　王 "卿은 그래서 吳下阿蒙이라는 말을 듣게 되는 것이오."
　　臣 "吳下阿蒙이라니요?"
　　王 "아무런 發展도 없는 吳나라의 어린 아이, 즉 멍청이라는 뜻

인데 이제까지 그것도 몰랐소?"
　　臣 "별 말씀을 다 하십니다. 제가 어째서 멍청이옵니까?"

王 "그게 바로 問題라는 것이오. 自己가 하늘 아래 둘도 없는

대단한 멍청이면서 멍청이가 아닌 것으로 錯覺하고 誤認해서 똑

똑하고 잘난 체하는 그 놈의 誇大妄想症말이오.... 陸路로 攻擊해

간다면 이내 發覺되어 反擊을 받을 일인데 어느 歲月에 百濟의

慰禮城까지 갈 수 있겠소? 바다로 나갈 것이오."

臣 "바다로 나간다 해도 며칠씩 걸리는 먼 距離이온데 攻擊이

쉬운 일만은 아닐 것이옵니다."

王 "내 앞에는 그저 錄이나 축내는 食蟲이들만 모여 있어서

큰 탈이오. 내가 할 말은 아닐 것이오만 한사코 百姓들한테 달라

붙어서 寄生蟲처럼 피만 빨아먹는 吸血鬼라고 말하지 않는 것만

도 多幸으로 생각하시오. 生産的인 말은 못하고 無能한 말만 늘

어놓고 되풀이할 일이 아니라 머리를 써야 할 것이오. 머리를....

사람된 者 當然히 奇計와 機略을 쓸 줄 알아야 할 것이오!"

臣 "奇計와 機略을 쓴다고 하오신다면 어떤 奇計와 機略을 써

야 할까요?"

王 "바다로 나가서 火攻을 펼칠 것이오. 戰爭을 이기는 첩경은

機先을 制壓하고 迅速하고도 가차없이 치는 데 있소. 正攻法이로

칠 것이오. 지금부터 海運 節制使는 兵力을 投入해서 百濟의 慰

禮城으로 들어가는 入口의 水路와 그 곳의 地形을 살피고 철저

히 염탐해서 攻擊에 對備하도록 하시오. 한편 그 앞의 적당한 섬

을 物色해서 大軍이 集結하고 駐屯할 수 있을 前進基地를 設置하도록 하시오. 秘密이 새어나가면 안 되니까 絶對로 秘密이 누설되지 않도록 恪別히 注意가 기울어져야 할 것이오. 朕이 몸소 나가서 陣頭指揮할 것이니 소홀함이 없도록 만반의 準備를 해야 할 것이오!"

日本에서의 勢力다툼이 엉뚱한 곳으로 飛火하여 百濟의 慰禮城은 바야흐로 風前燈火의 危機를 맞게 되었다. 命이 頃刻에 달려 있는 것이다.

사람과 모든 文物이 日本으로 提供되고 傳達되는 關門役割을 하는 百濟의 慰禮城을 攻擊해서 뿌리채 뽑고 焦土化시킬 모양이다.

^{백 제 위 례 성 비 극}
百濟 慰禮城의 悲劇

高句麗 廣開土大王의 碑文에 새겨져 있는 百淺 海破를 根據로
해서 다음과 같은 假想의 構圖로 이야기를 펼쳐 보이기로 할 것
이다. 廣開土大王이 무슨 할 일이 없는 사람이라고 虛僞로 百淺
海破를 碑文에 새겨놓았을 일이겠는가. 百淺 海破는 捏造된 거짓
이 아니라 실제로 있었던 歷史的인 事實로 眞實이었던 것으로 보
인다.

廣開土大王의 碑文에 銘刻되어 있는 百淺 海破는 虛構의 誇張
된 記錄이 아니라 실제로 있었던 일로 事實인 것으로 보인다. 廣
開土大王은 바다를 通해서 侵入하고 慰禮城을 攻擊했으며 이때
의 侵攻으로 百濟의 慰禮城은 흔적도 없이 사라지고 歷史에서 자
취를 감춘 일이 아니었을까 생각되는 것이다.

廣開土大王 "大高句麗는 大陸國으로서 陸地戰에만 能한 것이
아니라 水上戰에서도 匹敵할 상대 없이 能하고 卓越하다는 사실
을 보여주어야 한다. 大高句麗를 능멸하는 者는 誰何를 막론하고
엄청난 代價를 支拂하지 않으면 안 되고 큰 災殃의 報復을 甘受
해야 된다는 사실을 認識하도록 이번에 본때를 똑똑히 보여주어

야 할 것이다.

이번에 百淺의 慰禮城을 攻擊하여 남김없이 破壞해서 焦土化
시키고 다시는 日本땅에서 宗主國 行勢를 되풀이하지 못하도록
對外에 誇示해야 할 것이다. 諸將들은 듣거라! 모름지기 戰爭이
라는 것은 저 어리석은 宋襄之仁을 베풀어서는 안 되는 법이다.
不時에 奇襲的으로 攻擊하고 인정사정 볼 것 없이 非情하게 쳐부
셔서 모든 것은 남김없이 破壞해 버려야 할 것이다. 그래야만 우
리가 살아 남을 수 있는 것이다. 인정에 사로잡히는 것은 禁物이
며 미적지근한 싸움으로 만일 우리가 戰爭에서 敗하는 경우 우리
는 한 명도 살아 돌아갈 수 없다는 사실을 銘心해야 할 것이다.

慰禮城은 百淺의 땅으로 軍馬의 움직임이 如意롭지 못한 땅이
다. 援軍이 쉽게 當到할 수 없는 큰 弱點이 있다. 東쪽과 北쪽은
高山峻嶺으로 가로막혀 있으며 西쪽은 바다에 臨한 늪地帶로 通
路가 遮斷되어 있다. 援軍이 재빨리 支援에 나설 수 없는 百淺의
땅이 되어 우리한테는 오히려 多幸한 일이다.

오직 南쪽으로만 唯一한 通路가 한 군데 열려 있다. 전반적으
로 攻擊을 當하기는 쉬워도 防禦하기는 어려운 곳이다. 우리는
南쪽으로 열려 있는 이 唯一한 通路를 신속히 遮斷시켜 援軍을
부르지 못하도록 事前에 措處해야 할 것이다. 독 안에 든 쥐꼴로
만들어서 두들겨 잡아야 한다는 뜻이다.

奇襲 攻擊軍의 先鋒隊는 水深 깊은 水面을 따라 세 方面으로
分散해서 進擊한다. 앞에서 걸리적거리는 어떤 障碍物일지라도
가차없이 무찌르고 破壞시켜 없애야 한다. 孫子兵法의 知彼知己
이면 百戰無殆이다 하는 그런 兵法과 戰略은 여기에서는 無用之
物로 必要치 않다. 短期戰인 만큼 가차없이 때려 부수고 無條件
파괴하는 것을 原則으로 한다.

攻擊 先鋒軍이 앞에서 모두를 때려 부수고 처치하면서 지나가
면 火攻組는 날렵하게 침투해서 닥치는 대로 불질러 모든 것을
뿌리채 불태워 버려라! 戰爭은 無條件 이겨야 되고 이기는 秘訣
은 오직 無慈悲하게 파괴하는데 있다. 총공격은 새벽 바닷물이
밀려들어오는 만조 때를 期해서 開始한다."

廣開土大王의 치밀한 計略에 따른 命令을 받고 攻擊은 開始됐
다. 잠자는 새벽에 奇襲當한 百濟軍은 무슨 영문인지도 모른 채
불이 타오르고 天地가 진동하는 混亂 속에서 對抗을 한다고 해
보았으나 노도와 같이 몰려오는 强大한 高句麗軍의 攻擊을 沮止
할 方法이 없었다. 衆寡不敵의 力不足이었을 뿐만이 아니라 外部
와의 連絡도 杜絶된 채 孤立無援의 百濟軍은 그야말로 독 안에
든 쥐꼴이 되어 無慘하게 敗亡할 수밖에 없었다.
破竹之勢의 高句麗軍이 펼치는 攻勢에 밀려 對抗하는 百濟軍

의 逆攻은 無力할 뿐이었다. 强弱이 不同인 力不足이었던 것이다. 어찌할 수 없이 一敗塗地의 苦杯를 마실 수밖에 없어 慘敗當하고 만 것이다.

火焰이 沖天하고 창과 칼이 맞부딪치면서 悽絶한 싸움이 계속되고 있는 가운데에서 百濟軍의 수비장군은 多急한 목소리로 외친다.

守備大將 曰 "여봐라! 大王의 安危가 危殆롭게 되었다. 호위대장은 寸刻을 지체하지 말고 어서 大王을 뫼시고 이곳을 빠져 나가라! 나라의 運命이 左右될 문제이니 大王을 빨리 이곳에서 避身시켜야 한다. 命令이다! 서둘러 떠나라! 이 곳은 내가 맡아 지킬 것이다."

百濟王 "나도 여기에서 함께 玉碎할 것이다. 慰禮城이 이 지경으로 된 마당에 내가 가면 어디로 갈 것이며 살아서 뭣하겠느냐? 先祖를 대할 面目이 없다."

守備大將 "아니옵니다. 玉體를 保存하고 後日을 도모하셔야 합니다. 뭣들 하는 거냐? 護衛隊長은 大王을 保護하고 빨리 이곳을 떠나라! 急하다. 어디로 갈 것인지는 가면서 생각하라! 명령이다. 떠나라!"

護衛隊長 "알겠습니다. 大王께서는 어서 떠납시다. 이제부터

大王께서는 제 말에 절대로 服從하셔야 합니다."

百濟王 "이놈아! 나라를 이꼴로 만들어 놓고 어디로 가자는 말

이냐? 나는 여기에서 죽을지언정 절대로 못 간다."

호위대장 "이제부터 大王은 제 말에 따르셔야 합니다. 絶對的

으로 服從하셔야 합니다. 여봐라! 뭣들 하는 거냐. 大王을 護衛하

고 어서 떠나자! 나를 따르라. 出發.....!" 소리치는 餘韻이 길게 메

아리 친다.

질질대는 大王을 甚히 재촉하여 不過 數騎의 兵士들이 大王을

護衛하여 東北쪽을 向하여 急히 달렸으나 얼마 가지 못해서 말을

모두 버려야 했다. 길이 없는 山골짜기에 접어들었기 때문이다.

가시밭길을 헤치고 걸음을 재촉하는 그들의 向路가 오직 苦行일

뿐 순탄하지 않다.

九重宮궐에서만 살던 王의 몰골은 더욱 말이 아니었다. 가시밭

길을 헤치고 걷는 길이 하루에 十里를 제대로 갈 수 없었다. 마음

은 多急하고 焦燥할 뿐 길은 막혀 아득히 멀기만 하니 그들의 苦

衷은 이루 말할 수 없었던 것이다.

한편 慰禮城의 百濟軍은 西山落日이요, 秋風落葉의 처지로 이

미 大勢가 기울어지고 있었지만 大王의 脫出時間을 벌기 위하여

必死的인 抗戰이 계속되고 있었다. 援軍은 오지 않고 力盡窮策인

마당에 버틴들 얼마나 더 버틸 수 있겠는가. 며칠이 못가서 百濟

의 慰禮城은 모두 燒失된 채 끝내 陷落되고 말았다. 모든 게 焦土

化되어 滅亡되고 만 것이다.

　戰爭의 非情함이란 예나 지금이나 마찬가지여서 모든 것이 불

타버리고 파헤쳐져서 흔적도 없이 사라진 것이다. 이렇게 되어

百濟의 慰禮城은 地上의 歷史에서 흔적을 남기지 않고 사라져 없

어지고 말았다.

　廣開土大王 "百濟王 너 오늘 임자 한번 잘 만났을 것이다. 오늘

이 너의 祭祀날인 줄 알아라! 나는 너와 遺憾이 많다. 네가 감히

우리 高句麗人의 콧대를 여지없이 꺾고 傍若無人格으로 뭉개 버

릴 수 있다는 말이냐?

　이 廣開土大王의 自尊心을 짓밟은 代價가 어떤 結果를 招來하

게 된 것인 줄을 이제야 똑똑히 알았을 것이다. 그 동안 쌓인 울

분을 모두 털어 앙갚음했더니 비로소 속이 후련하다.

　"여봐라! 남김없이 모두를 破壞했으면 그만 서둘러 撤收하도

록 하라! 百濟軍이 事態를 깨닫고 逆襲해 오면 도리어 우리가 간

혀서 독 안에 든 쥐꼴이 되어 沒殺當하고 말 것이다. 所期의 目的

을 達成했으면 미련없이 떠나야 한다. 退却하라!"

불과 몇명 안 되는 百濟王의 一行은 險한 山골짜기의 가시밭길을 헤쳐 몇날이나 걸었을까. 이윽고 어느 깊은 골짜기에 到達하게 되었다. 앞에 큰 山의 絶壁이 가로막으면서 어느 쪽으로 가야 할지 모를 岐路에 서게 되었던 것이다. 그들 앞에 큰 山의 絶壁이 가로막으면서 골짜기가 東西로 갈라져 있었기 때문이다.

훗날에야 알게 된 일이지만 여기가 바로 大屯山과 忠南의 陽村里로 갈라지는 雲州이었다.

百濟王 "허허허... 난감한 일이로다. 여기가 도대체 어디메이뇨? 어느 쪽으로 가야만 길이 열리게 될꼬.....?"

호위대장 "여기가 훗날의 雲州라는 곳이온데 東쪽으로 가면 大屯山으로 이어집니다만 더 깊숙이 들어가면 그냥 新羅땅으로 빠지게 됩니다." 이 말을 들은 百濟王이 화다닥 놀란다. 그는 新羅라는 말을 듣고 소스라치게 놀라고 있었던 것이다.

百濟王 "뭣이...? 곧장 新羅땅으로 빠진다고? 偶然去하니 刑房處라더니만 공교롭게 가는 곳이 하필이면 新羅땅이라더냐....? 가는 곳마다 그야말로 泰山이고 첩첩山中이로구나. 到處에 아가리를 벌리고 있는 虎口뿐이니 進退兩難이로다.

그래서는 안 되지. 늑대를 비켜가니 호랑이를 만나게 된다는 格으로 救援을 받기는커녕 오냐 너 잘 왔다 하고 너 내 손에 한번

혼좀 나봐라! 하면서 도리어 잡아다가 困辱을 치르게 할 테니 큰 狼狽가 아닐 수 없다.

　그렇게 되는 날 도리어 世上의 더 큰 웃음거리가 되지 않을 수 없을 것이다. 그렇다면 西北쪽 골짜기를 따라 빠지면 어느 곳으로 가게 되는고……?"

　호위대장 "西北쪽으로 빠지면 陽村里를 거쳐 連山을 타고 나가 鷄龍山으로 들어서게 됩니다. 가는 길이 멀고 순탄하지 않을 것이오나 鷄龍山은 우리 領土이옵고 山도 또한 크고 깊사옵니다."

　百濟王 "지금의 우리 處地나 形便에서 길이 멀고 순탄하지 않고를 가리게 되었느냐? 됐다. 그러면 西北쪽으로 方向을 돌려라!"

　그러니까 지금의 三禮와 封東에서 北쪽으로 高山을 거쳐 大屯山으로 이어지는 긴긴 골짜기가 그들이 더듬어 온 行路로 보이는데, 이 긴 골짜기를 따라 그들 一行이 雲州까지 오게 된 것으로 보인다.

　여러날을 가시밭길의 險한 山골짜기를 헤매고 온 大王의 몰골이 말이 아니지만 存亡의 危機와 生死의 岐路에 서 있는 그들이다. 쉴 餘裕도 없이 허기진 배를 움켜진 채 무거운 발걸음을 옮겨

그래도 希望과 勇氣를 잃지 않고 걸음아 나 살려라! 재촉해서 지금의 陽村里를 거쳐 連山의 고개를 넘고 개울을 건너서 지금의 連山쪽으로 빠진 것으로 보인다.

 이윽고 험한 가시밭길의 路程 끝에 그들은 마침내 鷄龍山으로 들어섰으며 一旦 安堵의 한숨을 쉰 뒤에 얼마간 그곳에 잠입해서 은신하고 있다가 드디어 救援을 받고 再起하기에 이르게 된 것으로 보인다. 百濟王은 그곳 鷄龍山에서 그리 멀지 않은 公州에 都邑하고 60年동안을 存續시켰으며 그 後 扶餘로 遷都한 일이 아닌가 類推되는 것이다.

 孟子는 "好戰者는 必亡"이라 말했다. 百濟의 마지막 王이었던 義慈王이 이때의 故事를 殷鑑不遠의 敎訓으로 삼고 新羅와의 싸움을 즐기지 않았던들 三國의 그 後 歷史는 달라져 있었을 것이다.

 百濟의 義慈王이 蔘鷄湯을 즐기다가 亡했다는 逸話가 傳해져오고 있는데 그게 사실이라면 아마도 義慈王이 싸움닭만을 골라 蔘鷄湯으로 만들어 먹었던 일이 아니었을까 생각되는 것이다.

新羅

三國의 하나이었던 新羅는 그 이름의 語義가 새롭게 벌어져 나오겠다는 뜻이 된다. 그런 意圖가 그대로 表出되어 新羅라는 國名으로 固着해서 使用되었다고 認識해야 할 것이다.

새롭게 벌어져 나오겠다면 도대체 어디에서 떨어져 나오겠다는 말이었을까?

相扶相助의 協同을 維持하고 함께 어우러져 살던 過去의 部族社會와 因緣을 끊고 벌어져서 떠나 獨自的인 行步로 새롭게 獨立하여 나오겠다는 뜻이 된다. 함께 어우러져 살던 지난 體制의 舊殼을 脫皮하고 새로운 勢力의 强者로 浮上하여 登場하고 君臨하겠다는 意志가 新羅라는 이름 속에 은연중 담겨져 있는 것이다.

새롭게 벌어져 獨立해 나오겠다면 도대체 어떤 社會의 어떤 勢力과 離別하고 새로운 强者로 浮上해서 君臨하고 모두를 支配하겠다는 慾心이었을까? 그건 當然이 그 地域을 開拓하고 定着해서 어언간 200年의 歷史를 간직한 辰韓의 部族社會였을 것이다. 그 當時는 그곳에 辰韓의 部族社會밖에 存在하고 있지 않았으며 新羅는 그 部族社會의 一員이었을 것이다.

新羅가 建國되어 起源한 곳이 東쪽인 辰韓의 部族社會가 形成

되어 있었던 領域이다. 辰韓의 部族社會가 여러 갈래의 構成體로

形成되어 있던 地域인 것이다.

  新羅는 결국 辰韓의 部族社會가 構成시킨 相扶相助의 協同社

會와 因緣을 끊고 갈라져 나와 새로운 行步의 獨自的인 權力體制

를 構築하고 强者로 浮上해서 모두를 支配하여 君臨하겠다는 野

望에 찬 뜻이 담겨 있는 것이다.

  新羅는 辰韓의 部族社會가 共存의 目的으로 構成시켜 維持하

고 있던 協同體에서 떨어져 나와 一人治下의 새로운 王朝를 構築

해서 君臨하고 모두를 支配하겠다는 强한 慾望에서 出發되고 있

음을 그 이름으로 미루어 짐작할 수 있는 것이다.

  新羅의 始祖는 朴赫居世로 나타나 있다. 朴赫居世의 朴이라는

글字도 朴氏라는 姓氏가 아니고 眞實이라는 뜻인 것이다.

  孟子의 글에 있는 燕雀이 安知 鴻酷之志乎아?....제비나 참새같

은 燕雀이 어찌 萬里鵬程인 鴻酷의 큰 뜻을 알겠느냐?....를 聯想

시키는 말로 朴赫居世는 世上을 살아가는데 微弱한 現實에 어찌

安住하고 있겠는가? 跳躍해서 世上을 眞實로 빛낼 根本이 되겠

다는 野心에 찬 强한 意慾을 보이고 있는 이름인 것이다.

  天馬塚 같은 新羅의 古塚에서 騎馬裝具가 發見되고 있는 사실

에서 類推하여 新羅가 馬韓과는 다른 蒙古의 北方 騎馬民族이 移

動해 와서 形成시킨 마치 異色的인 民族이라도 되는 것처럼 主張

되고 있다. 그런가 하면 다른 한편으로 中央 亞細亞에서 멀리 移

動해 온 騎馬民族이라고 强辯하는 事例도 있음을 보게 된다.

그러나 이 모두가 奇想天外한 發想으로 虛無孟浪한 이야기에

지나지 않을 것이다. 牽强附會의 誇張된 發想에서 비롯된 主張일

수밖에 없을 것이다.

新羅의 起源에 앞서 그곳 領域에는 約 200年 前부터 中原의 韓

나라 地域에서 秦始皇으로 해서 생긴 難民들이 몰려와 形成시킨

辰韓이 存在하고 있었던 것이다. 이는 歷史的으로 明白하게 證明

되고 있는 사실로 辰韓의 部族社會가 存在하고 있었던 것이다.

古代는 惟獨 蒙古民族이나 中央亞細亞의 民族만이 말을 타고

다닌 일이 아닌 것이다. 말은 戰爭이나 사람의 運送과 移動手段

으로 없어서는 안 될 요긴하고도 必需的인 存在이었다.

二千數百年 前의 戰國時代때 生死를 걸고 角逐을 벌이던 中原

의 여러 나라와 더불어 韓나라도 例外는 아니어서 말을 타고 戰

爭을 遂行한 騎馬民族이었다.

비록 秦始皇의 秦나라한테 敗하고 滅亡當하기는 했지만 韓나

라 地域의 難民들이 避難을 와서 東方의 南쪽을 開拓하고 馬韓에

이어 辰韓의 部族社會를 세웠다면 當然히 말과 함께 騎馬裝具도

따라 왔을 것이다. 어찌 新羅인들 騎馬裝具가 없었겠는가? 있는

게 오히려 當然한 일일 것이다.

馬韓地域인 西海岸地帶는 物産이야 豊富했겠지만 늪地帶가
많아 말을 타고 다니기 不便할 地域이었으니 騎馬術이 그리 發達
하지 못했을 것이다. 이와는 反對로 東海岸 地帶는 陸地로 이어
져서 中原의 騎馬術이 잘 保存되어 發達한 일이 아니었을까 생각
되는 것이다.

事物의 理致에서 事理的으로 判斷해볼 때 그 이름에서 잘 나타
나고 있는 바대로 新羅는 辰韓의 部族社會에서 出發하여 建國되
고 起源되었을 것이라는 結論에 到達하게 되는 것이다. 아마도
그런 結論이 事實일 것이다.

去頭截尾하고 結論부터 말한다면 中原의 殷나라에서 箕子가
東方으로 와서 箕子朝鮮을 建國하였으며 高句麗는 箕子朝鮮의
人脈이 北方의 大陸으로 進出해서 建國하고 起源시킨 것이다.
누가 어떠한 異議를 提起한다 해도 百濟는 馬韓의 後裔로 馬韓
에서 起源되었음이 分明하지만 馬韓도 實質的으로는 箕子朝鮮
의 人脈이고 韓나라에서 온 後續人脈이 틀림없는 것이다.
燕나라의 衛滿한테 쫓겨 箕子朝鮮을 脫出한 箕準을 따라온 人
脈들이 箕子의 故鄕인 韓나라 地域에서의 難民들이요 그들의 加
勢로 馬韓이 세워졌기 때문이다.

新羅는 辰韓의 部族社會에서 出發하여 弁韓까지 統合하여 建
國되었다고 보아야 옳을 것이다. 그러나 辰韓과 弁韓도 馬韓을
建國한 人脈과 同一한 人脈인 것이다. 그들도 箕準을 뒤따라 와
서 馬韓을 建國한 韓나라의 같은 人脈들이고 東쪽으로 보내져서
辰韓을 建國한 사람들이기 때문이다.

2900年 前의 箕子朝鮮에서부터 2200年 前後의 馬韓 辰韓 弁韓
의 三韓과 그 後 高句麗 百濟 新羅의 三國時代로 이어지는 東方
民族의 根本은 결국 殷나라때 箕子의 故鄕이고 春秋時代 다음의
戰國時代때에 登場해서 存續되었던 中原의 韓나라 地域에서 사
람과 더불어 漢字와 言語 및 文化를 함께 갖고 移動해 온 人脈들
이라는 事實로 歸着되는 것이다.

누가 어떠한 異說의 反論을 提起한다 해도 東方의 우리 民族이
移動해 온 經路와 言語 文字 및 衣裳이나 生活方式 等의 모든 行
實과 行蹟이 中原에서 온 形迹을 如實하게 뒷받침하고 있어서 眞
實이 아닐 수 없는 것이다.

우리 民族이 韓民族이라고 自稱하며 또한 呼稱되고 있다. 空然
한 虛構의 말이 아닌 것으로 보인다. 어찌 그러느냐 하면 이제까
지의 글에서 우리 東方民族의 古代 歷史的 行蹟을 綿密히 追跡하
고 考證해 온 대로 전혀 事實無根의 空虛한 말이 아님을 알 수 있

기 때문이다. 根據가 없는 말이 아닌 것이다.

　사실 2900年 前의 箕子朝鮮이나 高句麗가 誕生된 地域에서는 일찍부터 漢字와 漢字言語가 使用되고 있었다. 만일 그 時代에 中原의 箕子가 그곳으로 進出하지 않았다면 어떻게 中原에서 멀리 떨어져 있는 東方의 그곳에서 漢字와 漢字言語가 使用되고 驅使될 수 있었던 일이었겠느냐 하는 것이다.

　만일 東方의 우리 民族이 土着의 原始人이었다면 도저히 漢文字를 習得하고 漢字言語를 驅使할 수 있는 일은 아니었을 것이다. 事物은 順理에 따라 事實대로 解釋되고 밝혀져야 할 것이다. 큰 疑問이 아닐 수 없었지만 古代의 일찍부터 東方의 그 地域에서는 漢字와 漢字言語가 쓰이고 있었다.

　만일 箕子의 進出을 몰랐다면 영문을 몰라 鬼神이 哭할 노릇이라 했을 것이다. 이런 事實은 中原의 箕子가 東方으로 進出한 事實을 뒷받침하는 明白한 證據가 될 것이다. 否認될 수 없는 眞實일 것이다.

　漢字는 中國大陸의 中原인 옛 殷나라 地域을 中心으로 해서 發明되었으며 發達되어 왔다. 漢字는 箕子가 生存했던 2900年 前까지만 해도 識者가 적어 極히 一部의 人口만이 배워 알고 있던 文字인 것이다.

종이가 發明되지 않아 대발을 엮어 記錄했기 때문에 이웃으로
傳達이 쉽게 되지 않았으며 한편 難解한 文字이기도 해서 널리
普及될 수 없었던 것이다. 따라서 古代에는 漢文字가 一部 地域
에 局限되어 使用될 수밖에 없었던 일이다.

그런 漢文字가 中原에서 멀리 떨어져 있고 往來를 할 수 없었
던 隔離된 場所인 箕子朝鮮과 高句麗가 誕生된 北方 大陸의 人脈
들이 使用하고 있었던 것이다. 常識的으로는 쉽게 理解할 수 없
는 驚異로운 일이 아닐 수 없는 것이다. 도대체 그들이 어떤 理由
에서 中原의 文字인 漢字를 使用하고 있었던 일이었을까를 밝혀
야 할 것이다. 愼重히 考察하고 考證해야 할 性質일 것이다.

그들 東方民族이 漢字를 使用하고 漢字言語를 驅使하고 있었
던 일은 오로지 箕子朝鮮과 高句麗의 人脈이 中原에서 漢字와 言
語 및 文化의 知識을 함께 가지고 移動해 가서 開拓하고 定着한
民族임을 뒷받침하는 明白한 證據가 되는 것이다.

그렇다면 漢字라는 文字가 어디에서 發明되고 發生하였든지
間에 그곳에서 태어나 살면서 배운 사람이 갖고 와서 民族의 始
祖이요 祖上이 된 以上 우리가 쓰고 있는 漢字는 祖上傳來의 文
字로서 우리 民族의 固有한 文字가 아닐 수 없는 것이다. 우리 體
質에 同化된 우리의 固有한 文字인 것이다.

無知의 所致에서 비롯된 일일 것이다. 漢字가 어느날 中國에서

輸入된 文字라고 排斥되고 있는 것이다. 自己民族의 固有한 文字
를 버리고 배우지 않으면서 無知해지는 이런 어리석은 民族이 世
上에 있을 수 있는 일이겠는가? 此際에 우리 民族이 쓰는 漢字의
本質을 올바르게 認識하고 民族이 모두 배우는 길을 指向해야 할

것이다.

大東方國의 挫折

2900年 前 殷나라의 王族이고 學者이었던 箕子가 亡國의 失意에 빠진 채 麥秀之嘆의 글을 남기고 東方으로 進出하였다. 그는 箕子朝鮮이 된 領域에 삶의 터전을 開拓하고 定着하게 되니 비로소 東方의 땅에 黎明의 불빛이 밝혀지고 사람이 살게 된 것이다.

그 때까지 東方은 사람의 손길이 미치지 않고 있던 人跡未踏의 原始的인 領域이었다. 箕子가 東方으로 進出한 이때부터 大東方國의 未來가 열려 가게 된 것이다.

大東方國이란 어느 領域을 指稱하고 있느냐 하면 韓半島에서 高句麗가 開拓한 北方大陸의 滿洲땅으로 이어져 東部 시베리아까지의 廣闊한 領域을 말하는 것이다. 이 領域은 箕子朝鮮의 人脈이 北進하여 開拓한 高句麗의 誕生地인 것이다.

이토록 廣闊한 領土가 하나로 結束되어 大東方國이 形成 되고 箕子朝鮮의 東方民族이 活動을 展開하는 舞臺가 될 수 있었던 것이다. 바야흐로 巨大한 大東方國을 指向해서 跳躍할 雄志가 무르익어가고 있었다.

大東方 民族은 箕子朝鮮을 嚆矢로 馬韓 辰韓 弁韓의 三韓과 高句麗 百濟 新羅의 三國으로 이어지는데 이들 모두가 根本은 하나

로 殷나라와 戰國時代에 韓나라로 빠뀐 땅의 中原에서 東方으로
進出한 單一民族인 것이다.

이 單一民族이 四方으로 擴散해 가서 開拓하면 大東方國은 飛
躍的인 發展을 成就하면서 巨大한 大東方國으로 君臨할 수 있었
던 것이다.

그러나 好事에 多魔이었던지 不幸하게도 일은 그런 理想을 따
라 如意롭고 順坦하게 進行되지 않았다. 人因成事라 했는데 사람
의 知慧가 大東方國을 建設하고 成事시키는 데 미치지 못하고 있
었던 것이다.

好戰者는 必亡이라는 孟子의 말에 귀를 기울이는 雅量을 갖고
高句麗가 中原의 隨나라와 그 後 唐나라와의 싸움에 熱中하지 않
은 채 自己의 터전을 지키면서 餘力으로 北方과 東部 시베리아를
開拓하는 데 注力했던들 오늘날의 樣相과는 달리 大東方國으로
成長하는 理想이 實現되어 지금과는 判異한 構圖가 形成되어 있
었을 것이다.

그러나 新羅가 唐나라와 聯合하여 侵略해서 百濟와 高句麗가
잇달아 敗하고 滅亡하면서 大東方國으로 指向하던 遠大한 理想
과 꿈은 一時에 瓦解되어 霧散되는 運命을 맞게 되었다. 大東方
國을 指向해서 發展될 無限한 可能性이 展望되고 있었는데 그 꿈
은 一場春夢이 되고 만 것이다.

大東方國을 指向해서 跳躍하고자 했던 箕子의 雄志와 理想은
實現되지 못한 채 途中에 崩壞되어 挫折되는 運命을 맞게 된 것
이다. 大東方國의 挫折은 悲運이며 못내 哀惜한 일이 아닐 수 없
다. 千秋의 恨으로 남을 것이다.
百濟와 高句麗가 連달아 滅亡하면서 大東方國의 理想은 雄飛
의 나래를 펼쳐보지 못한 채 끝내 挫折되고 말았다. 大東方國은
그 後 鴨綠江과 豆滿江의 以南으로 밀려 矮小한 땅으로 縮小되어
東方民族의 命脈을 겨우 維持하고 있는 것이다.
그 民族조차 오늘에 이르러서는 南北으로 分斷된 채 和合을 이
루지 못하고 不幸한 對峙를 계속하고 있다. 非情한 現實이 아닐
수 없을 것이다.
人因成事라 했는데 같은 民族이 和合을 이루지 못하고 있는 일
은 사람의 智慧가 모자라기 때문일 것이다.

지금에 와서 옛 일을 되뇌는 일은 亡子計齒와 다를 바 없는 어
리석은 일에 지나지 않을 것이다. 그러나 만일 新羅가 唐나라와
의 聯合을 試圖하지 않고 成事시키지 않은 채 和合의 길을 摸索
하여 百濟와 高句麗가 滅亡하지 않았다고 假定한다면 大東方國
의 그 後 運命은 어떻게 進行되어 갔을까?
지금에 와서 지나간 옛 歷史의 推移와 未來로 進行되었을 過程

을 斷定할 수 있는 일은 아닐 것이다. 그러나 그렇게 되었을 경우 모르긴 해도 우리 韓半島에서 北方의 滿洲大陸과 東部 시베리아로 이어지는 大東方國이 雄壯한 모습으로 形成되어 偉大한 發展을 成就시키면서 健在하고 있었을런지도 모를 일이다. 그러한 雄志가 霧散된 大東方國의 挫折은 哀惜한 일이 아닐 수 없는 것이다.

再生産 經濟의 創出만이 살 길이다

　南北으로 分斷된 채 武力對峙를 계속하고 있는 民族이 軋轢과 葛藤을 淸算하고 和合을 追求하는 方法에는 여러가지 길이 있을 수 있을 것이다. 그 가운데에서도 奇貨를 活用하여 再生産의 經濟方策을 創出하는 길이 南北이 함께 눈부신 經濟發展을 맞이하면서 和合을 實現시킬 수 있는 가장 으뜸가는 途程임을 提示하고자 하는 것이다.

　奇貨는 무엇이며 再生産 經濟란 도대체 어떤 方策이고 무슨 뜻일까.

　奇貨란 國民이 갖고 있는 游休資金이고 이 돈이 北을 돕게 될 때 그 돈이 남김없이 모두 南으로 되돌아와서 生産과 購買로 이어져 南의 經濟를 活性化시킬 수 있어야 互惠의 相扶相助가 되고 和合이라는 效率的인 成果로 이어질 수 있다는 것이다. 再生産 經濟의 原理인 것이다. 施恩이거든 勿求報라 했는데 한번 주면 그만이지 무슨 되돌려 받기를 바랄 일이겠는가 할지 모르지만 事物의 理致란 그런 게 아닐 것이다. 가는 情이 있으면 오는 情도 있어야 할 일이기 때문이다.

　武力對峙가 계속되는 不幸한 分斷民族이 和解를 指向하면서

共存할 수 있는 唯一한 길은 南北이 經濟的으로 서로를 돕고 도
움을 받는 互惠의 再生産 經濟가 활발히 進行되어야 民族의 밝은
未來를 기대할 수 있다는 것이다.

　그렇다면 再生産 經濟를 어떤 方法으로 施行해서 分斷民族의
살 길을 모색하고 和合을 도모할 수 있다는 말인가.
　分斷民族이 再生産 經濟方策으로 和合을 指向하고 繁榮하며
融和를 도모하기 위해서는 事前에 반드시 南北 雙方間의 不可侵
條約이나 內政 不干涉 武力挑發의 中止 等 諸般 安全裝置가 成立
됨을 原則으로 해야 되고 이에 대한 周邊 强大國들의 保障이 先
行되어야 함을 前提로 해야 할 것이다.
　그런 다음에 南은 優先的으로 北의 劣惡한 經濟부터 도와야 할
것이다. 돕되 어떤 方法으로 도와서 北의 經濟을 發展시키고 向
上시켜야 옳을 것인가.
　政府가 나서서 돕는다는 일도 財政에 限界가 있을 일이고 또
一方的으로 돕기만 하고 되돌려 받는 代價가 없다면 오래 계속되
기도 힘들 것이다. 밑빠진 독에 물 붓기이고 生産性이 없는 漢江
投石인 경우가 될 일이기 때문이다.
　그렇다면 南北이 원만히 서로를 도와가며 和合과 融和를 指向
하면서 함께 經濟發展을 實現시킬 妙策이라도 있다는 말인가. 分
斷된 不幸한 民族이 잘 살아갈 수 있고 和合을 도모할 수 있는 絶

妙하고도 奇拔한 方策이 있는 것이다.

北을 돕는 일은 부담이 되지 않고 無理가 따르지 않을 資金이 動員되어야 옳을 것이다. 南쪽은 奇貨를 갖고 있다. 十匙一飯의 경우라 하겠지만 國民의 待機資金으로 北을 도와 그들의 經濟를 向上시키면서 南의 再生産 經濟로 이어져 得을 볼 수 있다면 互惠의 相扶相助로 錦上添花의 좋은 結實을 맺게 될 일이 아닐 수 없을 것이다.

奇貨이며 國民의 待機資金이란 도대체 어떤 資金을 말하는 것인가. 南에는 千萬名이 넘는 離散家族이 北의 門戶가 開放되기를 기다려 訪問하려고 準備된 備蓄資金이 있고 또한 많은 觀光人口가 기다리고 있는 것이다. 이 資金이 바로 奇貨이고 待機資金인 것이다.

이 奇貨가 北을 도울 經濟的 能力은 실로 驚天動地의 偉力을 發揮할 天文學的 額數에 達할 것이다. 이 待機資金이 活用되고 投入되는 날 北의 經濟를 短時日에 起死回生시킬 것이며 南의 經濟도 더불어 好轉될 것이다.

順天者 興이요 逆天者 亡이라 했다. 사람된 者 每事에 順理를 따를 智慧를 가져야 할 것이다. 北녘의 認識이 문제일 뿐이지 北이 視野를 넓혀 觀光門戶만 開放한다면 奇貨인 南의 待機資金이 기다렸다는 듯 北녘을 돕게 되어 그들의 經濟는 순식간에 向上

好轉되고 눈부신 發展을 成就하게 될 것이다.

奇貨를 活用한 再生産 經濟方策이야말로 難關에 逢着한 民族의 前途를 合理的으로 풀어갈 나무랄 데 없는 發想이라 하겠지만 그러나 好事에 多魔라고나 할까 일이 뜻대로만 進行될 性格이 아닐 것이다. 奇貨를 活用해서 再生産 經濟方策을 實現시킬 南北間의 合意를 導出할 수 있을 것인가 하는 점도 問題이지만 또 다른 難關이 도사리고 있기 때문이다.

만일 南이 北을 도와만 주고 되돌려 받는 代價가 없다면 南은 亡할 일이어서 계속하여 오래 支援할 수 있을 性質이 아닐 것이다. 一方的인 支援은 不平을 誘發할 素志가 濃厚하며 互惠의 原則에도 어긋날 일이어서 바람직한 方策이 될 수 없는 것이다.

南北이 互惠의 原則에 立脚하고 對等한 位置에서 돕고 도움을 받아 共存하기 위해서는 最小限 주고 돕는 만큼 되돌려 받고 도움을 받는 相扶相助의 道理가 維持되어야 옳을 것이다. 衡平의 原理에도 符合되고 彼此間 公明正大한 일이 될 일이기 때문이다.

國民의 호주머니 돈이 되었건 政府支援이든 間에 北을 돕는 돈을 用役費와 物資購買 等으로 全額 되돌려 받아 南의 經濟를 活性化시키고 再生産시킬 수 있어야 南北雙方의 經濟를 同時에 好轉시키고 和合을 이룩할 밝은 未來를 맞이할 수 있을 것이다. 銘心하지 않으면 안될 일은 奇貨를 活用한 再生産 經濟方策을 實現

시키는 길만이 南北이 손을 맞잡고 繁榮하며 平和롭게 살아갈 수 있을 唯一한 方法이 된다는 事實인 것이다.

南北間에 相扶相助의 再生産 經濟方策이 現實化되면 南北은 더 以上 네가 잘났네 내가 옳다 하고 是非를 일삼으며 아웅다웅 다툴 필요가 없을 것이다. 根本은 같은 나라 같은 同族인데 互惠의 原則에 따라 誠心誠意껏 서로를 돕고 도움을 받다 보면 敦篤한 理解로 이어져 民族和合이야 저절로 이루어질 性質이기 때문이다.

統一은 我田引水格인 我執으로 性急하게 成就시키고자 一方的으로 固執할 性格이 아닐 것이다. 자칫 잘못하면 反目으로 飛火될 수도 있기 때문에 民族 總意의 最大公約數에 따라 順理대로 追求하고 成就시켜야 옳을 것이다.

만일 北녘이 巨視的 眼目에서 門戶를 開放하여 南의 觀光人口를 받아들이고 經濟를 迅速히 發展시키고자 할 때 貨幣의 通用에 是非될 要素가 있는 것이다. 通貨가 使用될 경우 주기만 하고 되돌려 받지 못할 不利益의 폐단이 생길 수 있기 때문이다. 通貨의 國際的 通例를 따를 수 없는 隘路가 아닐 수 없다.

南北間에 經濟協力이 되고 正確한 統計로 集計되기 위해서는 南北間에만 通用될 수 있는 별도의 通貨使用이 講究되어야 할 필요가 있다 할 것이다.

奇貨를 活用한 再生産 經濟의 創出만이 分斷民族의 살 길이다
하는 글은 1997年 5月頃에 發行되었으며 南北和解의 途程을 素
材로 한 拙著《目不忍見의 不汗黨이구만》(한누리 發行, 2268-
4514)의 책 속에서 紹介된 바 있다.

　88올림픽을 頂点으로 사람들은 춤추고 노래 부르며 잘 산다
富者가 되었다 아우성치며 氣高萬丈의 興奮 속에 사로잡혀 있었
지만 興盡悲來의 한 치 앞을 내다보지 못하는 그 歡喜 속에 未久
에 닥칠 經濟破綻의 破局이 豫見된다 說破하고 있었던 것이다.

그때 가서는 죽는다고 발을 동동 굴러도 때는 이미 늦었다고 개

탄하고 있었다.

　97年 末境에 到來한 오늘날의 經濟危機는 진작에 充分히 豫見
된 일이었다. 經濟患難의 困境에 處하게 될 分斷民族이 살 길을
찾아 回生할 수 있는 길은 오직 南北間에 再生産 經濟를 創出하
는 道理밖에 없으며 分斷民族이 險難한 앞길을 智慧롭게 開拓하
기 爲해서는 반드시 奇貨를 活用해서 再生産 經濟를 創出하는 이
方策을 選擇해야 할 것이라는 途程을 提示하고 있었던 것이다.
　因人成事라 했는데 再生産 經濟의 方策을 導出해낼 수 있는 能
力이 우리 民族한테 果然 있을 것인가의 與否가 成事의 關鍵이

될 것이다.

劣化우라늄彈의 正體가 무엇인가

癌이나 여러가지 種類의 原子病이 發病되는 原因을 알고 이를 未然에 豫防하기 爲해서는 모든 사람들이 반드시 核分裂 物質인 우라늄元素가 일으키는 可恐한 危害를 正確히 알고 스스로의 知識으로 해야 할 것이다. 우라늄元素物質이 癌이나 各種 原子病을 일으키는 根源으로 恐怖의 對象이 아닐 수 없기 때문이다.

一. 核分裂物質인 우라늄元素의 危害

20世紀도 어언간 저물어 가려 할 즈음 구라파에 있는 발칸半島의 코소보에서 民族紛爭이 일어나 劣化우라늄彈이라는 이름도 생소한 新種武器가 使用되었던 것으로 보인다. 數年이 지났음에도 不拘하고 뒤따라 癌과 白血病 같은 原子病이 發生하고 原因도 모를 病에 걸려 많은 사람들이 죽어가는 後遺症이 계속되자 大驚失色 世上이 啞然 緊張하게 된 것이다. 엄청난 人命被害의 犧牲을 强要하고 있는 劣化우라늄彈의 正體가 도대체 무엇인가 하는 것이다.

놀랍게도 劣化우라늄彈이 使用된 자리의 到處에서 原子彈이

터진 자리에서나 나타날 수 있는 癌이나 白血病 等의 原子病으로
보이는 여러가지 疾病의 症候群이 똑같이 發見되고 있다는 것이
다. 數年의 歲月이 흘렀음에도 不拘하고 그 곳에서는 지금도 계
속하여 放射線이 檢出되고 있다 한다. 여러 나라가 劣化우라늄彈
의 使用을 즉각 中止해 줄 것을 要請하고 있음에도 不拘하고 當
事國은 그런 症候의 副作用을 確認할 수 없다고 우기고 이 要求
를 默殺하면서 완강히 拒否하고 있다 한다. 獨善的인 主張이 심
상치 않은 일이 아닐 수 없지만 一方的으로 默殺하고 拒否할 性
質이 아닐 것이다.
　劣化우라늄彈이 對戰車 攻擊用 等으로 쓰이는 比較的 적은 規
模의 砲彈이라고는 하지만 그 性能의 本質이 原子彈이냐 아니냐
의 與否가 먼저 糾明되어야 할 先決 課題인 것으로 보인다. 어찌
그러느냐 하면 그 이름에서도 明白하게 드러나고 있듯이 大量虐
殺武器인 原子彈을 만드는 核分裂 物質의 우라늄元素가 劣化우
라늄彈을 製造하는 原料로도 그대로 使用되고 있기 때문이다.
　劣化우라늄彈의 本質에 대한 是是非非가 가려지지 않고 糾明
되지 않은 채 特定國家가 계속하여 이 砲彈을 使用하게 된다면
雨後竹筍格으로 앞다투어 世界의 여러 나라들이 이 武器를 生産
하여 使用할 수 있는 餘地가 있는 것이다. 그렇게 될 경우 人類慘
禍의 災殃을 免할 수 없게 될 것이다. 엄청난 人類의 悲劇이 招來

될 대단히 危險한 要素가 아닐 수 없는 것이다. 當然히 劣化우라
늄彈의 本質이 明白하게 糾明되고 原子彈의 成分임이 判明된다
면 人類平和를 위해서 應分의 規制가 뒤따르고 制動이 加해져서
이의 使用이 中斷되어야 마땅할 것이다.

　　새똥이 똥일까? 똥이 아닐까? 새똥은 코끼리 같은 큰 動物의
똥에 比한다면 보잘것 없는 적은 量에 不過하겠지만 그렇다고 똥
이 아니라고 우길 수는 없을 것이다. 動物의 胃腸을 거쳐 消化되
어 나왔으니 만큼 새똥도 分明히 똥은 똥일 것이다.
　　劣化라는 뜻이 도대체 무엇을 意味하는 것이까? 劣化는 弱化
라는 뜻이 되는 것이다. 그러니까 劣化우라늄彈은 弱化시켜 만든
우라늄彈이라는 뜻이 되는 것이다. 銘心하지 않으면 안될 일은
劣化라는 修飾語가 붙었든 붙지 않았든 間에 原子彈의 原料로 쓰
이는 核分裂 物質인 우라늄元素가 使用되었다면 劣化우라늄彈
은 엄연한 原子彈인 것이다. 적은 砲彈이니까 即席에서야 原子彈
같은 大規模의 慘禍는 일어나지 않겠지만 오랜 歲月동안 두고 두
고 原子病의 危害와 災殃은 이어질 性質인 것이다.
　　사람들은 核分裂 物質인 우라늄元素의 可恐할 性質을 바르게
認識해야 할 것이다. 올바른 知識이 傳達되지 않아서 그렇지 우
라늄元素物質은 災殃의 根源이 되는 것이다. 그런 性質 때문에
이 物質이 大量殺傷武器인 原子彈의 原料로 使用되고 있다. 劣化

우라늄彈에 核分裂物質인 우라늄元素가 利用되었다면 누가 어떤 甘言利說의 辯明을 갖다 붙이면서 牽强附會의 억지를 부린다 해도 武器化되어서는 안될 原子彈임에 틀림 없는 것이다.

都市 하나가 송두리째 날아가 破壞되고 無辜한 人命이 數없이 殺傷되어서만이 原子彈이 아닌 것이다. 새똥도 똥인 事實에 틀림 없는 理致에서 비록 적은 量이 使用되고 적게 만들어졌다 해도 核分裂物質인 우라늄元素가 使用된 以上 原理上으로 劣化우라늄彈은 分明한 原子彈인 것이다.

大量 虐殺武器인 原子彈은 核分裂物質인 우라늄元素로 만든다. 비록 原子力發電用으로 使用되는 濃縮우라늄棒을 만들고 버려지는 찌꺼기를 利用해서 적은 規模의 砲彈을 만들었다 해도 核分裂物質인 우라늄元素로 만들었다면 엄연한 原子彈인 것이다.

劣化라는 修飾語는 우라늄을 濃縮시키고 버려지는 찌꺼기를 使用하고 있어 弱한 性質이기 때문에 대수롭지 않다는 点을 强調하고 이 砲彈의 使用을 合理化시키기 爲해서 意識的으로 붙인 것으로 보인다. 그러나 그건 朝三暮四의 籠絡이요 눈 가리고 아웅하는 稚拙한 口實에 지나지 않을 것이다. 비록 버려지는 찌꺼기를 利用하였다 할지라도 武器化시켜서는 안될 核分裂物質인 우라늄元素임에 틀림없는 것이다. 따라서 劣化우라늄彈은 原子彈의 範疇에 屬한다고 規定될 수밖에 없는 것이다.

여기에서 사람들은 核分裂을 일으키는 우라늄元素가 어떤 性質의 物質이길래 可恐한 災害를 가져오며 어째서 武器化되어서는 안 되는지 그 理由를 알아야 할 것이다. 우라늄元素는 사람을 爲始해서 모든 生物한테 이루 形容할 수 없는 慘禍를 가져올 대단히 危險한 物質이기 때문에 그에 대한 여러가지 常識과 깊은 知識을 갖고 있을 必要가 있는 것이다.

核分裂을 일으키는 우라늄同位元素는 모든 사람이나 生物한테 不意의 慘禍를 가져올 致命的인 存在인 것이다. 人間이 이의 使用을 統制하지 못하면 人類慘劇의 災殃을 免할 수 없는 대단히 危險한 要素인 것이다.

核分裂 物質인 우라늄元素를 말하기 前에 먼저 不治病으로 많은 生命을 앗아가는 癌이라는 글字를 한번 分析해 보기로 할 것이다. 奧妙한 東洋의 智慧가 아닐 수 없지만 癌이라는 글字가 우라늄元素의 보이지 않는 放射線 때문에 病들어 죽는 被害를 經驗한 데서 나온 글字임을 暗示하고 있기 때문이다. 癌字는 병들-病 품성-品 뫼-山의 세가지 뜻이 合成 되어 만들어진 글字이다. 山에 가서 보이지 않는 어떤 物質에 쏘여 사람이 자꾸만 病들어 죽어가더라 하는 뜻이 되는 것이다.

우라늄元素物質은 19世紀에서 20世紀 初에 걸쳐 生存한 物理學者인 큐리 夫婦가 처음으로 發見한 以後에 비로소 世上에 알려

진 物質이다. 우라늄物質에 대한 知識이 全然 없던 옛날에 우라
늄元素物質이 묻힌 鑛山에 간 사람들이 原因을 알 수 없는 物質
에 쏘여 理由도 모를 病에 걸려 자꾸만 죽어갔던 모양이다. 漢字
의 智慧와 技能이 그저 돋보일 따름이지만 그런 現象을 經驗한데
서 癌이라는 글字가 생긴 것으로 보인다.

　癌字가 생긴 것으로 보아서 옛날에도 核分裂物質인 우라늄元
素 때문에 많은 사람들이 病들고 죽어갔던 모양이다. 發見된 지
日淺하지만 人智가 發達되면서 人間이 우라늄物質을 여러가지
用途로 利用하게 되자 그로 因한 被害는 건잡을 수 없이 擴散一
路를 치닫고 있다. 특히 이를 武器化하고저 하는 사람들의 奸智
는 人類의 生存과 安寧을 크게 威脅하고 있는 것이다.

　그러면 어찌해서 우라늄元素가 사람들을 자꾸만 죽이고 여러
가지 疾病을 誘發하느냐 하는 根本된 理由와 原因을 알아야 할
것이다. 아는 일이 能力이고 그에 대한 知識이 있으면 未然에 對
處하고 豫防해서 스스로의 生命을 安全하게 지킬 수 있는 일이기
때문이다. 銘心하지 않으면 안될 일은 우라늄元素는 비단 사람뿐
만이 아니라 모든 生物의 生命까지도 가리지 않고 함부로 죽이는
실로 戰慄을 禁할 수 없는 可恐할 存在라는 事實이다.
　우라늄同位元素는 지금 한창 核崩壞를 進行하는 過程에 있는
核分裂物質이다. 核分裂이란 地球上의 元素物質이 造成 되기 以

前의 狀態로 부서지는 現象을 말한다. 만약 元素物質이 水素가
結合해서 造成시킨 産物이라면 水素로 分解된다는 뜻이 되는 것
이다.

現代學問에서는 解明되지 않아 모르고 있는 知識이지만 실제
로 地球上의 모든 元素物質은 水素가 結合해서 造成시킨 産物이
며, 唯獨 核分裂을 進行시키는 過程에 있는 우라늄元素가 原狀의
水素로 分解되고 있는 것이다. 原狀의 水素로 分解되는 이 過程
에 不幸하게도 모든 生物들이 慘酷한 災害를 입게 되는 것이다.

一. 可恐할 成分의 中性子

사람이나 生物이 水素로 分解되는 우라늄元素의 放射線에 露
出되는 경우 量이 많을 때는 直死하게 되고 적은 量에 쏘일 경우
일지라도 最小限 癌이나 原子病의 各種 疾病에 걸려 苦痛받으며
시달리게 된다. 어쨌거나 사람이 우라늄元素의 放射能에 쏘이게
되면 結果는 黃泉行이 되고 만다는 事實을 銘心해야 할 것이다.
우라늄元素는 이 世上에서 가장 操心해야 할 恐怖의 對象이 아닐
수 없을 것이다.
우라늄同位元素는 原子彈이나 劣化우라늄彈 같은 殺傷과 破
壞를 目的으로 하는 武器이외 치료나 原子力 發電 等 有益한 目

的에도 쓰이고 있다. 그러나 어떤 경우일지라도 核分裂 物質인 우라늄元素는 結果的으로 慘酷한 災殃을 가져올 根源의 要素인 것이다. 우라늄元素物質이 있는 곳이라면 生物의 生存에 威脅이 되는 危害가 따를 性質이기 때문이다.

原子彈이나 劣化우라늄彈은 우라늄元素가 進行시키는 核分裂의 原理를 利用해서 만든 殺傷武器이다. 電氣를 生産하는 原子力發展도 우라늄元素를 原料로 使用하고 있다는 事實에 留意할 필요가 있을 것이다. 平和的인 目的에 쓰이고는 있으나 여러가지 不意의 事故가 誘發될 濃厚한 所持가 內包되어 있기 때문이다.

去頭切尾하고 左右間 우라늄同位元素는 人間을 爲始해서 모든 生物을 죽이고 癌과 不治의 原子病을 일으키는 실로 可恐하기 이를 데 없는 危險한 要素이고 致命的인 存在인 것이다. 그런 理由로 不意에 닥칠지도 모를 災害를 豫防하기 위해서는 우라늄元素가 어떤 性質의 어떤 物質인가를 알아야 하고 그에 대한 充分한 知識을 갖고 있을 必要性이 切實하다 할 것이다.

우라늄元素는 여러가지의 同位元素가 있으며 지금 한창 核分裂을 進行시키는 過程인 地球上에서 가장 무거운 物質이다. 우라늄元素 하나에 자그만치 230個 內外의 水素原子가 結合되어 있는 成分이니까 原子 하나로 된 水素元素보다 230倍가 더 무겁다는 理致가 될 것이다. 水素는 原子 하나인 元素物質이고 우라늄은 230個의 水素가 結合해서 造成된 元素物質인 것이다.

　우라늄元素가 核分裂을 進行하는 途中 放出하는 放射線이나 放射能으로 해서 생기는 癌이나 原子病의 被害를 막고 豫防해서 스스로의 生命을 保護하기 위해서는 恐怖의 對象인 우라늄元素 物質이 일으키는 核分裂의 原理부터 알아야 할 것이다. 事物의 眞實을 밝히지 못한 旣存의 知識으로서는 알 수 없으며 理解되지 않을 새로운 知識이기 때문에 익혀 알아둔다면 自身과 이웃을 保護할 有益한 結果로 이어지게 될 것이다.

　原子彈이나 劣化우라늄彈으로 해서 생길 被害는 人智가 發達되고 良識이 살아나서 使用이 沮止되기만 한다면 막을 수가 있을 것이다. 그러나 우라늄核分裂 物質로 생기는 被害는 오직 自身들의 該博한 知識이나 智慧가 아니면 保護될 수 없는 것이다.

　지금 地球上의 우라늄同位元素는 核分裂을 進行시키는 過程에 있다. 元素物質의 核分裂은 지금 太陽에서 經營中에 있는 水素의 核融合과는 反對現象으로 水素가 太陽 같은 核融合爐에서 融合되고 結合시켜서 造成시킨 元素物質이 그 結合을 풀고 本是의 水素로 分解되는 現象을 말하는 것이다. 알기 쉽게 말하면 水素가 結合해서 생긴 元素物質이 逆順으로 原來의 水素모습으로 부서지고 있는 것이다. 元素物質의 核이 分離되어 水素로 부서지는 過程은 岩石이 風霜으로 平安하게 부서지는 性質과는 달라서

사람들을 直死시키거나 癌과 原子病 等의 여러가지 疾病을 發生
시키는 深刻한 後遺症이 誘發되고 있는 것이다.
  무슨 理由에서 우라늄元素가 致命的인 危害를 야기시키고 있
는가 하는 根本原因을 알기 爲해서는 우라늄元素를 造成한 水素
의 成分과 本質부터 먼저 알아야 할 것이다.
  太陽은 水素가 모여서 된 水素의 덩어리이고 지금 한창 核融合
을 營爲하면서 에너지를 四方空間에 發散하는 途中에 있다. 水素
의 核融合이란 水素 속의 電子가 나와 結合하여 太陽에너지를 造
成하고 外部로 發散하면서 核이 들어붙어 여러가지 元素物質을
만들어 가는 過程을 말하는 것이다.
  太陽은 光線 電磁波 電氣 熱 等의 各種 에너지를 發散하고 있
다. 東洋의 物理思想이 밝혀낸 새로운 眞理의 知識이지만 太陽이
表出시키는 에너지의 成分은 各己 다르고 多樣해도 本質은 오직
電子 單一成分으로 水素 속의 電子가 뛰쳐나와 結合해서 光線 電
磁波 電氣 熱 等의 太陽에너지를 造成시켜 四方空間으로 發散시
키고 있다는 것이다. 그러니까 모든 에너지는 水素 속의 電子가
만들고 있으며 에너지의 源泉은 電子라는 뜻이 될 것이다.
  지금 論難이 紛紛한 劣化우라늄彈의 原料로 쓰이고 있는 우라
늄元素도 水素의 融合으로 造成 되었으며 核分裂을 일으키면서
본시의 水素로 부서지고 있는 것이다. 이때 水素 속의 一部 電子

가 나와 結合되면서 큰 에너지를 發生시키는 것이다.

　問題는 에너지만을 發生시키는 데 局限하지 않고 傷處입은 水素와 中性子로 分離되어 나오는 成分이 사람을 爲始해서 모든 生物들은 닥치는 대로 죽이고 病들게 하면서 致命的인 危害를 加해 오는 데 있는 것이다. 어째서 傷處입은 水素와 中性子가 致命的인 危害를 加해 오는 것일까?

　그 理由는 重要하면서도 새로운 眞實의 知識이 될 일이기 때문에 먼저 水素의 本質에 대하여 좀더 詳細하고 具體的인 說明이 加해져야 할 것으로 보인다. 水素는 電子와 陽子로 構成하여 組織되어 있다. 그러니까 −電子 +電子로 組織되어 있는 것이다. 一般的으로 이 構造는 原子의 世界로 알려져 있는데 水素가 바로 原子인 것이다.

　이 水素가 모여 核融合을 經營하면서 太陽을 만들고 水素 속의 電子가 나와 結合해서 光線 電磁波 電氣 熱 等의 各種 太陽에너지를 만들고 있다는 새로운 事實이 밝혀지고 있는 것이다. 이제까지 모르고 있었던 知識이었겠지만 宇宙空間의 모든 恒星이나 太陽은 水素의 結集體이고 太陽에너지는 水素의 核融合 過程에 水素 속의 電子와 陽子의 素粒子가 뛰쳐나와 結合되면서 造成시키는 結果의 産物이라는 事實이 새롭게 確認되어 밝혀지고 있는 것이다.

逆順으로 光線이나 電磁波 等의 太陽에너지를 破壞하고 粉碎
시키면 電子로 分離된다는 理致가 될 것이다. 人間이 磁力을 電
氣로 轉換시키고 電氣를 磁力으로 바꾸는 技術은 習得하고 있으
나 光線이나 電磁波를 電子로 分離시키는 技術까지는 아직 터득

하지 못하고 있다.

　그러나 앞에서 言及한 바 있는 우라늄元素의 核分裂로 分離되
어 나오는 傷處입은 水素와 中性子는 太陽에너지 要素를 순간적
으로 奪取해서 電子로 分解시킬 뿐 아니라, 이 電子를 주워 입고
原狀의 水素로 回歸하는 희한한 재주를 갖고 있는 것이다. 죽은
中性子가 되살아 나오는 것이다. 놀라운 能力이 아닐 수 없으며
驚天動地의 새로운 眞實이 아닐 수 없을 것이다.

　비단 太陽에너지 뿐만이 아니라 地球上의 모든 元素物質도 太
陽에서 進行하고 있는 것과 같은 核融合 過程에 水素가 結合되어
造成시킨 産物이라는 事實이 새롭게 確認되고 있다. 水素라고 말
했지만 正常的인 完全한 水素는 아니고 核融合 過程에 素粒子 性
格의 電子와 陽子를 내보내 結合해서 에너지化 시켜 四方空間으
로 放出하고 傷處를 입거나 죽어 中性子가 된 不安定한 狀態의
水素를 말하는 것이다. 傷處투성이거나 瀕死狀態인 半身不隨의
水素라고 생각하면 無妨할 것이다.

　이제까지 全然 알려지지 않은 새로운 眞實의 知識이 되겠지만

地球上의 各種 元素物質도 실은 傷處입은 水素와 中性子가 結合해서 造成시킨 結果의 産物이라는 事實이 밝혀지고 있는 것이다. 地球上의 모든 元素物質을 分析해 보면 結果를 確認할 수 있는 일이지만 結局 地球도 그 옛날 核融合의 過程을 거처 水素의 奧妙한 造化로 만들어진 結果의 産物이 되는 것이다. 실제로 우라늄元素의 核分裂에서 分離되어 나오는 傷處입은 水素와 中性子의 實體가 確認되는 것이다.

傷處입은 水素와 中性子가 結合해서 造成된 地球上의 元素物質 가운데 가장 무거운 物質인 우라늄同位元素가 지금 한창 核分裂을 進行하는 過程에 있다. 不幸한 일은 우라늄元素가 核崩壞를 持續하면서 核分裂되어 나오는 傷處입은 水素와 中性子가 生物을 모두 죽이는 실로 戰慄을 禁할 수 없는 可恐할 存在로 登場한다는 事實인 것이다. 도대체 그들이 어떤 存在이기에 그런 災殃이 일어나게 되는 것일까?

一. 起死回生하는 中性子

傷處입은 水素와 中性子가 電子인 옷을 주워입고 起死回生하는 性質이 原因이 되어 사람들이 慘禍를 입게 되는 것이다. 아무튼 그들은 致命的인 要素가 아닐 수 없는 것이다.

우라늄元素 하나가 核分裂되면 자그만치 230個 程度의 傷處입은 水素와 中性子가 分離되어 나온다. 이들이 太陽에너지 要素를 닥치는 대로 奪取해서 電子로 分解시켜 주워 입고 完全한 水素로 되살아나게 되니 太陽에너지 成分인 生物이 無事할 수 없고 細胞組織이 破壞되면서 直死하거나 病들게 되는 것이다.

銘心해야 할 일은 우라늄元素의 核分裂은 一時에 끝나는 性質이 아니고 오랜 歲月에 걸쳐 限없이 이어지면서 조금씩 分解되며 끝내는 납같은 보다 가벼운 物質로 變한다는 事實인 것이다. 그래서 납이 우라늄의 똥이라고 呼稱되기도 한다. 그런 理由에서 납도 人體에 危害한 物質이 되는 것이다.

우라늄同位元素 같은 核分裂物質은 半減期라는 독특한 性質이 있다. 우라늄의 半減期란 우라늄元素가 核崩壞를 進行하면서 量이 半으로 줄어가는 期間을 말한다. 核崩壞가 가장 빨리 進行되는 우라늄元素라 할지라도 半減期가 자그만치 7億年쯤 되고 더디 進行되는 우라늄元素는 50億年 가까이 걸린다. 따라서 우라늄의 核分裂이 얼마나 느리게 進行되는 性質인가를 미루어 짐작할 수 있을 것이다.

우라늄元素의 半減期가 긴 이런 性質 때문에 原子彈이나 劣化우라늄彈이 터지면 그것으로 끝나지 않고 우리늄의 殘滓는 계속 核分裂을 進行하면서 恐怖의 原子病을 誘發하게 되는 것이다. 비

록 적은 量의 殘滓라 할지라도 核分裂이 永久히 이어질 性質인

만큼 無視하고 等閑히 할 수 없는 대단히 危險한 要素가 아닐 수

없을 것이다.

核廢棄物을 버릴 場所가 없다는 人類社會의 크나큰 苦悶은 우

라늄元素의 半減期가 긴 이런 性質의 理由 때문인 것이다. 深刻

한 社會問題가 아닐 수 없을 것이다.

우라늄元素의 核分裂이 進行되면서 傷處입은 水素와 中性子

가 分離되어 나올 때 統制力을 잃은 電子가 뛰쳐나와 結合되면서

核分裂에너지라 이름하는 엄청난 偉力의 에너지를 造成하여 放

出하는 것이다. 비록 太陽에서 進行되는 水素의 核融合力에는 미

치지 못하는 지극히 微弱한 에너지이지만 그래도 傷處입은 水素

속의 電子가 뛰쳐나와 結合되면서 造成시키는 에너지는 地球上

의 그 어떤 에너지보다도 強力하며 모든 에너지를 凌駕하는 破壊

力을 發揮하게 되는 것이다.

그런 理致 때문에 核分裂을 일으키는 우라늄元素가 大量 殺傷

武器인 原子彈에 利用되고 있으며 劣化우라늄彈을 만든 動機가

되었을 것이다. 그런 情況에서 볼 때 대단히 邪惡한 發想이 아닐

수 없으며 劣化우라늄彈이 對戰車 破壊用으로 쓰이는 비록 적은

砲彈이라 할지라도 核分裂物質인 우라늄元素가 使用되고 있는

以上 原子彈이 틀림 없는 것이다. 原子彈이 劣化라는 美名아래

그 使用이 正當化될 수는 없을 것이다.

만약 劣化우라늄彈이 國際的인 規制없이 放置되어 無防備狀態로 使用된다면 우라늄의 殘滓는 계속하여 核分裂을 進行시키면서 사람을 爲始하여 모든 生物한테 危害를 加해 오게 될 것이다. 큰 災殃의 潛在的인 要素가 아닐 수 없다. 眞實이 糾明되어 다가올 災難이 豫防되어야 마땅할 것이다.

우라늄元素가 核分裂되면서 放出하는 에너지를 放射線 또는 放射能이라 부르고 있음은 잘 알려진 일이다. 이 放射線에너지가 엄청난 破壞力을 갖고 있으며 또한 生物이나 人體에 危害를 加해 오는 危險한 要素인 것도 事實이다. 그러나 그것은 극히 一部의 表面的인 知識에 지나지 않는 것이다. 이제까지 사람들한테 알려지지 않아 잘 모르고 있는 裏面의 보다 決定的이고 至大한 危險要素가 도사리고 있는 것이다.

사람을 爲始해서 모든 生物을 瞬息間에 沒殺시키고 癌이나 白血病 같은 原子病을 일으키는 別途의 致命的인 危害要素가 있는 것이다. 그 要素가 무엇이냐 하면 바로 傷處입은 水素와 中性子가 原狀의 水素로 되살아나는 性質 때문인 것이다.

中性子는 水素가 죽어서 된 骸骨이다. 傷處입은 水素와 中性子는 元素物質이라는 무덤에 자물쇠가 채워져 갇혀 있는 동안은 별다른 事故없이 安全하다. 그러나 우라늄元素의 경우처럼 元素物

質의 核分裂이 일어나 傷處입은 水素와 中性子로 分離되어 나오면 사람과 生物을 無差別 殺傷시키는 무서운 武器가 되는 것이다.

어떤 理由에서 그들이 可恐할 殺傷武器로 登場하게 되는 것일까? 애당초 그들이 에너지化시켜 내보낸 電子를 주워 입고 되살아 나는데 殺生이 敢行되는 原因이 있는 것이다. 驚天動地의 새로운 知識이 아닐 수 없지만 그들은 電子인 옷을 주워 입고 原狀의 水素로 되살아나서 回歸하는 것이다. 이런 理致에서 볼 때 宇宙는 한 번으로 끝나지 않고 部分的으로 回歸를 되풀이 하는 永遠한 世界라 할 수 있을 것이다.

宇宙가 한 번으로 끝나지 않고 되풀이 살아나는 일은 좋은 일이지만 다친 水素와 죽어서 된 骸骨인 中性子가 正常的인 水素로 되살아 나는 過程에 애꿎은 사람과 生物이 直死하고 病들게 되는 그 結果가 문제인 것이다. 그들이 電子를 주워 입고 水素로 되살아 나는데 어째서 사람이 죽게 되느냐 하는 疑問을 갖게 될 것이다.

이제까지 中性子의 成分과 本質을 모르고 있었지만 中性子가 人命을 殺傷하는 致命的인 要素인 事實은 널리 알려진 知識이다. 바르게 알고 있어야 할 知識이지만 中性子는 水素가 電子를 내보내고 죽어서 된 水素의 骸骨이다. 사람이나 生物은 太陽에너지의

造成物이기 때문에 電子成分의 構成物이 되는 것이다.

　우라늄元素에서 分解되어 나오는 傷處입은 水素와 中性子는 分離되어 홀로 있지를 못할 特異한 體質의 成分이다. 周圍의 電子成分뿐만이 아니라 生物이나 人體의 太陽에너지 要素까지도 奪取하여 電子로 分解해서 주워 입고 신속히 水素로 回歸하는 性格인 것이다.

　되살아나는 水素야 좋겠지만 反對로 太陽에너지 成分을 奪取當하는 사람이나 生物은 細胞組織이 破壞되어 直死할 수밖에 없을 것이다. 설령 그 자리에서 죽음만은 免한다 하더라도 癌이나 原子病에 걸려 苦痛에 시달리면서 끝내 죽어갈 수밖에 달리 道理가 없을 것이다. 이 아니 可恐할 災殃의 要素가 아닐 수 있겠는가?

　더욱 戰慄을 禁할 수 없는 可恐할 要素는 地球上에 致命的인 危害를 加해 오는 中性子의 向路를 가로막고 遮斷할 어떠한 物質도 없다는 事實이다. 中性子는 어떤 物質이든지 거침새 없이 뚫고 지나가면서 太陽에너지要素를 奪取하며 電子로 分解해서 주워 입고 되살아나는 것이다. 障碍가 될 物質이 없어 人體가 그대로 露出될 수밖에 없다는 理致가 될 것이다. 다만 우라늄의 똥이라고 일컬어지는 납만이 唯一하게 中性子의 向路를 遮斷할 能力을 갖고 있다 한다.

核分裂을 進行하면서 致命的인 成分인 傷處입은 水素와 中性
子를 分離排出시키는 우라늄元素物質이 原子彈이나 劣化우라늄
彈 같은 殺傷武器로 利用되어서는 안 될 理致는 自明하다 할 것
이다.

　우라늄元素의 核分裂로 傷處입은 水素와 中性子가 分離되고
그들이 電子인 옷을 주워 입고 水素로 回歸하는 結果는 새로운
宇宙의 眞實이 提示되고 있는 性格인 것이다. 하늘의 理致야 人
間이 어찌할 수 없는 일이겠지만 到處에 도사리고 있는 내 앞으
로 닥칠 危害를 豫防하기 위해서는 반드시 우라늄元素物質에 대
한 새로운 知識을 接하고 理解해서 自己의 識見으로 해야 할 것
이다.

　癌을 일으키는 原因이 되는 發癌物質은 우라늄元素의 核分裂
에서 分離되어 나오는 傷處입은 水素와 中性子가 電子인 옷을 주
워 입고 살아나서 接着되는 水素가 아닐까 생각해 볼 수 있을 것
이다. 原理上으로 그런 可能性이 排除되지 않는 것이다. 斯界의
研究가 뒤따라야 할 課題일 것으로 보인다.

　毛遂自薦의 일인 것만 같아 주저되는 일이지만 이 새로운 天理
의 知識은 旣히 出刊된 拙著의 《世上 萬物의 理致》《天地는 무엇
인가》《目不忍見의 不汗黨이구만》(上下卷)인 책속에서 詳細히

紹介되고 있다. 알아야만 힘이요 自身과 더불어 家庭을 지키고
이웃인 社會를 지켜가게 될 것이다.

별들의 本質이 무엇일까요

一. 太陽의 成分

問----별들은 모두 타서 사라지는 것입니까? 아니면 새로운 별들이 태어나기도 합니까? 별들의 本質이 무엇이고 宇宙는 어떻게 생겨 났을까요?

答----앞의 質問에 대해서 宇宙의 새로운 眞實을 밝힌 東洋의 物理思想은 다음과 같이 대답합니다.

地球上에서 酸素의 媒介로 物體가 타듯이 별이 탄다는 表現은 옳지 않습니다. 별은 元素物質의 基本인 水素가 모여서 된 水素의 덩어리입니다.

별은 타는 性質이 아니고 水素가 電子를 내보내 自己의 本質을 變化시키면서 太陽처럼 에너지를 만들어 發散시키는 것입니다. 별은 오로지 水素가 모여서 된 成分이어서 酸素가 필요치 않다고 보아야 하겠지요? 실제로 별들은 水素 속의 電子가 나와 結合해서 造成시키는 에너지로 빛날 뿐 酸素를 필요로 하지 않습니다.

우리의 太陽은 하나의 별입니다. 太陽처럼 스스로 빛나는 별을 恒星이라고 합니다. 宇宙空間은 恒星인 별로 가득히 차 있지만 그들 별 가운데의 하나인 太陽이 四方으로 發散하는 에너지의 本質이 무엇이고 太陽의 構成物質이 무엇인가를 먼저 알아야 할 것입니다.

太陽의 本質을 把握해서 알게 되면 宇宙 全體를 理解할 수 있는 일이기 때문입니다.

이제까지 모르고 있었던 일이었겠지만 太陽을 비롯한 빛나는 모든 별인 恒星은 오로지 水素가 모여서 形成된 水素의 集成體이고 單一成分인 것입니다.

巨大한 太陽이 水素의 集成體이다 하는 뜻은 地球 같은 적은 行星들을 除外한 宇宙空間의 모든 物質은 모두 水素로 形成되어 있다는 뜻이 되는 것입니다. 따라서 宇宙는 水素의 單一成分이다 하는 뜻으로 歸結될 것입니다.

정말로 宇宙가 水素로 만들어졌을까요? 사실인 것입니다. 水素가 바로 宇宙이고 宇宙의 物質的 本質인 것입니다. 이 水素가 單位別로 죽었다 살아났다 하며 宇宙를 經營하는 것입니다.

一. 太陽에너지의 本質

　이번에는 太陽에너지의 本質이 무엇인지 알아 보기로 하겠습니다.

　太陽에서 發散되는 太陽에너지의 成分과 本質이 무엇일까요?
　人間을 비롯해서 地球上의 모든 生物은 太陽에너지에 依存해서 살아갑니다. 太陽에너지에 依支해서 살아가는 만큼 太陽에너지의 本質이 무엇인지 몹시 궁금한 일이 아닐 수 없을 것입니다.
　太陽은 水素가 結集되어 造成된 水素의 덩어리입니다. 水素는 原子構造에서 잘 알려지고 있는 대로 −電子와 ＋電子로 組織되고 構成되어 있습니다. 그러니까 水素는 元素物質이면서 萬物을 만들어가는 原子인 셈이지요.
　−電子와 ＋電子는 電子와 陽子로, 또는 그냥 電子로도 呼稱되며 이들을 水素의 因子인 素粒子라고 합니다. 太陽은 지금 水素의 素粒子인 電子와 陽子의 活動으로 核融合을 經營하는 途中에 있으며 이 過程에서 에너지를 發散하고 있는 것입니다.
　太陽에너지인 光線이나 電磁波 熱 電氣는 水素의 核融合 過程에서 素粒子인 電子와 陽子가 튀어나와 서로 結合되어 造成되는 成分인 것입니다.

水素의 核融合이라 함은 水素 속의 電子와 陽子가 튀어나와 結合해서 太陽에너지를 造成하고 四方으로 放出하면서 核이 서로 들어붙어 여러가지 元素物質을 만들어 가는 過程을 말하는 것입니다.

그렇게 造成되는 元素物質은 地球上의 元素物質과 同一한 性格인 것입니다. 그런 見地에서 본다면 地球도 本是는 水素成分이었다 말할 수 있을 것입니다.

水素의 核融合 過程에 電子와 陽子가 튀어나와 서로 結合하는 數와 排列되는 順序에 따라 빛 電磁波 熱 電氣 等의 太陽에너지가 만들어지고 있는 것입니다. 결국 太陽에너지의 種類는 數도 없이 많고 多樣해도 本質은 오직 水素 속의 電子라는 사실이 밝혀지고 確認된 것입니다.

木星이나 金星과 地球 같은 太陽의 行星들도 本質은 모두 水素입니다. 우선 이들을 除外하고 이야기를 進行하기로 하겠습니다. 스스로 빛나는 宇宙空間의 모든 恒星들이 例外없이 水素가 모여서 核融合을 經營하는 水素의 덩어리입니다.

宇宙空間의 모든 恒星들이 水素의 덩어리라면 宇宙는 水素의 바다이고 水素의 造化로 宇宙의 모든 形象이 일어난다 말할 수 있을 것입니다. 그런 事實에서 水素는 宇宙의 根本이고 宇宙이며 宇宙의 物質的 本質이 되는 것입니다.

水素가 宇宙의 物質的 本質이다 하는 뜻은 水素가 바로 宇宙이
고 森羅萬象의 形狀과 萬物을 만들어가는 本質이다 하는 뜻으로
歸結될 것입니다.

一. 宇宙는 어떻게 생겼을까요

宇宙는 本質的으로 水素이외의 아무것도 存在하지 않으니까
다음과 같은 世界가 될 것입니다.
흐르는 一次元의 時間線上에서 無의 槪念인 三次元의 空間이
存在하며 그 속에서 宇宙의 物質的 本質인 水素가 혼자의 能力으
로 活動하는 舞臺가 바로 宇宙이다 말할 수 있을 것입니다.
흐르는 게 時間이고 無의 世界가 空間이니까 時間과 空間의 槪
念은 認定할 수 있어도 水素가 홀로 어떻게 活動해서 宇宙의 造
化를 일으킨다는 말인가 하는 疑問을 갖게 될 것입니다.
水素의 素粒子인 電子와 陽子가 重力을 行使하는 根本인 것입
니다. 그러니까 萬物을 움직이는 重力은 水素 속의 電子가 作用
한다는 뜻이 되는 것입니다. 따라서 水素가 스스로 重力을 行使
하여 스스로를 모으고 天體를 만들면서 宇宙는 生成 되고 活動이
시작되는 것이지요.

一. 宇宙는 本質的으로 水素만 存在할까요?

宇宙는 本質的으로 水素만 存在하는 게 사실입니다. 宇宙의 物質的 本質인 水素가 中性子로 죽었다가 水素로 되살아 나면서 宇宙萬物의 造化와 形狀이 일어나는 것입니다.

흐르는 時間은 一次元의 世界이겠지요? 空間은 三次元의 世界입니다. 一次元의 時間帶와 三次元의 空間은 槪念의 世界이고 唯一하게 水素만이 認識이 可能한 實存의 物質世界인 것입니다. 宇宙는 本質的으로 時間과 空間 및 水素의 三要素이외 아무것도 없는 것입니다.

地球上에는 數를 헤아릴 수 없이 많은 物質이 있고 森羅萬象의 여러가지 形狀이 있는데 宇宙는 本質的으로 水素 한 가지의 物質밖에 없으며 그 水素가 萬物을 만들면서 모든 造化를 일으킨다니 이 무슨 駭怪한 말인가 할 것입니다.

地球上의 모든 物質과 여러가지 形象도 水素가 홀로 만든 結果의 産物이고 造化이다 하는 事實이 證明되고 있으니 앞으로 宇宙에 대한 새로운 認識을 갖을 필요가 있을 것입니다.

이제까지 들어본 일조차 없는 生疎한 知識이면서 哲學的인 學問의 世界인지라 理解가 쉽지 않지요? 그렇지만 宇宙의 眞實을 새롭게 理解하는 일인 만큼 귀담아 듣고 여러분의 올바른 知識으

로 해야 할 것입니다. 東洋의 奧妙한 思想이 밝힌 새로운 宇宙의
眞實이니까요.

　그렇다면 지금부터 宇宙의 物質的 本質인 水素가 어떻게 單獨
으로 宇宙를 經營하면서 萬物을 만들고 森羅萬象의 여러가지 形
象과 造化를 일으키는지 한번 알아 볼까요? 東洋의 奧妙한 哲學
의 世界와 物理思想에 따른 새로운 知識이지만 지금부터 水素가
單獨으로 宇宙를 經營하며 萬物의 造化를 展開하는 過程을 그려
보기로 하겠습니다.

一. -273℃의 絕對溫度

　宇宙空間은 -273℃의 絕對溫度下에 있습니다. 絕對溫度란 -
273℃ 以下로는 내려가지 않는 零下의 마지막 溫度를 말하는 것
입니다. 宇宙空間은 -273℃의 絕對溫度下에 있는 것이지요.
　이 絕對溫度下에서는 사람들이 經驗할 수 없는 아주 異常한 일
이 일어나고 있는 것입니다. 電氣가 銅線 같은 傳導體없이 제멋
대로 흐르기 때문입니다. 電氣가 전혀 統制되지 않고 虛空을 흐
르며 統制할 수 없다는 理致가 되는 것입니다.
　무엇보다도 重要한 일은 宇宙空間에서의 이런 環境이 水素가

모여 核融合을 일으킬 수 있는 좋은 條件과 動機가 된다는 사실

인 것입니다.

太陽에서 일어나고 있는 水素의 核融合은 -273℃의 絶對溫度

下에서 시작되고 進行된다고 判斷해야 할 것입니다.

水素는 元素物質이기도 하지만 原子인 것입니다. 水素는 原子

構造에서 잘 알려지고 있듯이 電子와 陽子로 組織되어 있습니다.

電子로 組織되어 있는 水素는 電氣가 統制되지 않고 제멋대로 흐

르는 -273℃의 絶對溫度下에 놓여 있는 宇宙空間에서는 사뭇 不

安한 狀態에 놓여 있게 될 것입니다. 水素의 核融合이 일어날 좋

은 條件과 環境에 놓여 있게 되는 것이지요.

水素는 宇宙의 物質的 本質이지만 原子이면서 元素物質이기

도 합니다. 萬有引力의 法則에서 잘 알려지고 있는 萬物이 行使

하고 있는 引力은 水素가 作用해서 생깁니다. 水素가 重力을 行

使하는 根源인 것이지요.

外觀上으로는 水素가 重力을 行使하지만 사실은 水素의 素粒

子인 電子가 行使하는 것으로 判斷해야 옳을 것입니다.

地球上의 物質이 重力을 行使하는 理由도 모든 物質이 水素가

바탕이 되어 生成되어 있기 때문인 것입니다. 水素가 아니면 그

어떤 것도 重力을 行使할 수 없다는 뜻이 됩니다.

이번에는 宇宙空間에 宇宙의 物質的 本質인 水素가 떠도는 구름처럼 흩어져 있다고 假定해 보기로 하겠습니다.

어째서 水素가 宇宙空間을 떠돌고 있느냐 묻는다면 水素가 바로 宇宙이며 宇宙의 物質的 本質이기 때문에 單位空間에는 單位密度에 해당되는 一定量의 水素가 占有하고 있을 性質이기 때문입니다.

重力을 行使하는 水素가 넓은 空間에 흩어져 있게 되면 自然히 서로간에 重力이 作用하게 될 것입니다. 彼此間에 引力이 作用된다면 그 空間의 水素는 到處에서 서로가 서로를 모아 天體를 形成하게 될 것입니다.

이렇게 모아지게 된 水素는 流動性의 氣體이기 때문에 서로가 서로를 옥죄는 힘으로 둥그런 공 모양의 球體가 形成될 것입니다. 모든 天體가 例外없이 둥그런 球體로 形成되어 있는 理由는 水素가 서로를 끌어당기면서 옥죄는 引力作用의 原理 때문인 것입니다.

一. 天體를 造成하는 水素의 重力作用

水素가 스스로의 重力作用으로 모아져서 造成된 天體는 太陽 같은 둥그런 공 모양의 球體가 될 것입니다. 이 天體의 둥그런 球

體 가운데 어느 곳이 가장 큰 壓力을 받는 곳이 될까요?

是非의 論難이 되고 있는 問題입니다만 西洋의 天體理論은 地球의 中心部가 가장 큰 壓力을 받는 곳이다 主張되고 있습니다. 그래서 地球의 中心部는 高溫의 마그마地帶라 主張되는 것입니다.

그러나 東洋의 物理는 전혀 見解를 달리 하고 있는 것입니다. 天體의 中心部가 가장 큰 壓力을 받는 곳이 아니라 反對로 天體의 모든 表面이 가장 큰 壓力을 받는 곳이다 主張되고 있는 것입니다. 西洋의 그것과는 正反對되는 重力概念이 됩니다만 한 번 地球를 例로 해서 說明해 볼까요?

地球도 하나의 天體이니까 공 모양의 둥그런 球體입니다. 固體인 地球가 둥그런 球體의 모양을 하고 있는 理由는 地球도 옛날은 水素가스의 流動體였다는 사실을 뒷받침하고 있는 것입니다.

이제까지 地球의 中心部가 가장 큰 壓力을 받고 있다 主張되어 왔지만 사실은 그렇지가 않고 反對로 地球의 모든 表面이 가장 큰 壓力을 받고 있다 이렇게 東洋의 宇宙論은 主張하고 있습니다.

天體에서 서로가 서로를 끌어당기는 引力이 가장 크게 미치는 焦点은 그 天體의 全體質量이 作用하는 引力을 받게 되는 球體의

모든 表面이 될 것입니다. 中心部는 오히려 引力이 交叉되는 無
重力 狀態의 곳이지요.
　　사람도 地球의 全體質量이 作用하는 重力의 큰 引力으로 地球
의 反對方向을 向해서 꼿꼿이 서 있을 수 있는 것입니다. 땅 속은
더 큰 壓迫을 받고 있지 않느냐 反問할지 모르지만 水素가 作用
하는 重力의 原理는 物體가 쌓이고 보태져 加重되면서 받게 되는
壓迫하고는 性質이 다른 것입니다.

一. 水素의 核融合과 太陽에너지

　　宇宙空間에서 둥그런 球體로 모아진 水素의 덩어리는 反對方
向에서 서로가 서로를 끌어당기는 引力으로 옥죄이게 되어 그 球
體의 모든 表面部位가 甚한 壓力을 받게 될 것입니다. 甚한 壓迫
으로 表面의 水素가스는 밀리고 밀치면서 요동치는 運動을 하게

될 것입니다.
　　-273℃의 絶對溫度下에서 그렇지 않아도 電氣가 統制되지 않
아 不安하기만 한 水素內部의 電子世界는 天體의 全體 質量이 作
用하는 引力의 큰 壓迫에 더 以上 견디지 못하고 混亂해질 것입
니다. 安定을 維持하지 못하고 破壞될 수 밖에 없는 것이지요.
　　水素의 破壞란 水素 속의 電子가 自己의 安全을 깨고 領域밖의

外部世界로 뛰쳐나오는 것을 말합니다.

　이 現象이 바로 太陽이나 스스로 빛을 發散하는 모든 별, 즉 恒
星이 進行하고 있는 水素의 核融合인 것입니다. 드디어 水素의
核融合이 일어나고 에너지가 發散되면서 빛나게 되는 것이지요.
　그 동안 迷宮에 가려진 채 原因이 밝혀지지 않고 있던 水素의
核融合은 이런 原理로 시작되고 進行된다는 사실을 認識할 필요
가 있을 것입니다. 宇宙에 대한 새로운 知識이 될 일이기 때문입
니다.
　水素의 核融合은 스스로의 重力作用으로 스스로를 凝集시켜
스스로의 壓迫으로 水素의 內部世界를 破壞시켜 電子를 내보내
서 에너지를 造成시키는 現象이다 하는 뜻으로 歸結될 것입니다.
水素가 經營하는 核融合의 過程에서 地球上에 있는 元素物質이
造成 되는 것이지요.

一. 太陽에너지

　이번에는 太陽에너지의 成分이 무엇인지 그 本質을 알아보기
로 할까요? 太陽에너지의 成分은 光線 電磁波 熱 電氣 磁力 等 數
를 헤아릴 수 없이 많지만 本質은 오직 水素 속의 電子 單一成分
의 한 가지 種類인 것입니다.

水素의 核融合 過程에 水素 속을 뛰쳐나온 電子와 陽子가 어떻게 排列해서 結合되느냐의 數와 順序에 따라서 可視光線과 赤外線이나 紫外線의 빛이 되고 電磁波 熱 磁力 電氣 等의 에너지가 造成되는 것입니다. 이를 總稱해서 太陽에너지라 부르고 있습니다.

그러니까 太陽에너지는 水素의 核融合 過程에 水素 속의 −電子와 ＋電子가 뛰쳐나와 結合되는 造化로 만들어지는 結果의 産物이다 생각하면 될 것입니다.

한 마디로 要約하면 太陽에너지의 成分은 數를 헤아릴 수 없이 많고 多樣해도 本質은 오직 水素속의 電子 單一成分이라는 뜻으로 歸結되는 것입니다.

따라서 恒星인 太陽이 탄다는 表現은 옳지 않으며 水素가 中性子로 죽으면서 放出하는 에너지라고 말해야 옳을 것입니다.

一. 水素의 結集體인 별은 元素物質을 만들며 죽는다

앞에서도 말했듯이 太陽처럼 스스로 빛을 發散하는 별을 恒星이라고 합니다. 太陽을 爲始해서 恒星인 모든 별들도 끝내는 죽어갑니다. 별들도 結局은 죽어가는데 어떻게 죽어 갈까요?

虎死留皮이요 人死留名이라는 俗談이 있습니다. 호랑이는 죽

어서 가죽을 남기고 사람은 죽어 이름을 남긴다고 했는데 그렇다

면 별은 죽어서 무엇을 남기는 것일까요?

去頭切尾하고 結果부터 말한다면 별들은 죽어 地球上에 있는

物質인 여러가지 種類의 元素物質을 남기는 것입니다.

좀 더 자세히 말하면 太陽인 별은 에너지를 만들어 發散하고

여러가지 元素物質을 造成하면서 죽어간다고 表現해야 옳을 것

입니다.

地球 같은 質量이 적은 太陽의 行星과 그들의 衛星이 바로 적

은 별이 죽어서 된 骸骨인 것입니다. 元素物質로 蓄積된 地球는

작은 별이 죽어서 된 骸骨의 標本 가운데 하나인 것이지요.

太陽은 오로지 水素가 모여서 된 成分인데 太陽이 죽으면서 元

素物質을 만들고 있다는 뜻은 결국 元素物質은 水素가 만들고 있

다는 理致가 될 것입니다. 元素物質을 정말로 水素 혼자서 만들

고 있을까요?

지금부터 水素가 모여 核融合을 營爲하면서 어떻게 元素物質

을 만들어 가는지 그 過程을 살펴보기로 하겠습니다.

太陽의 경우처럼 水素는 核融合을 經營하는 過程에 에너지를

放出하고 發散시킵니다. 當然한 結果로 水素가 自己의 構成因子

인 電子를 내보내면 내보내는 質量에 比例해서 傷處를 입거나 아

니면 죽어가게 될 것입니다. 物質不滅의 原則에 依해 그렇게 되는 게 當然한 理致일 것입니다.

水素가 傷處를 입고 죽어간다면 어떻게 죽어 갈까요?

一. 中性子

여러분은 모든 生物을 가릴 것 없이 닥치는 대로 죽인다는 中性子의 이름을 들어서 알고 있겠지요? 中性子는 사람이나 生物을 가릴 것 없이 함부로 죽이는 무서운 要素이고 不治病인 癌을 誘發시키고 殺生을 일삼는 可恐하기 이를 데 없는 存在인 것입니다. 中性子는 致命的인 要素가 아닐 수 없는 것이지요.

生物이 中性子에 露出되면 直死합니다. 이토록 무서운 中性子가 다름 아닌 바로 水素가 죽어서 된 水素의 骸骨인 것입니다. 水素가 電子를 내보내고 죽어서 된 骸骨인 中性子는 殺生을 일삼는 무서운 存在라는 사실을 무엇보다 먼저 銘心해야 할 것입니다.

水素가 電子를 내보내면 太陽에너지는 造成되어 放出되지만 그 대신 에너지가 量産되는 質量에 比例해서 水素는 傷處를 입거나 죽어 中性子가 될 수밖에 없는 것입니다. 지금 太陽에서는 엄청난 에너지가 發散되기 때문에 水素가 자꾸만 傷處를 입거나 죽어 中性子가 量産되고 있는 것입니다.

그런데 問題는 傷處입은 水素와 中性子는 혼자 單獨으로 存在

할 수 없는 性格으로 電子인 옷을 순간적으로 주워 입고 되살아

난다는 사실인 것입니다. 이 말은 宇宙의 物質的 本質인 水素는

죽었다가도 되살아나는 回歸的인 性格의 元素物質이라는 뜻이

될 것입니다.

宇宙의 物質的 本質인 水素는 自己의 素粒子인 電子를 내보내

고 傷處를 입거나 죽어 中性子가 되어도 單獨으로 있게 되면 그

냥 있지를 못하고 그 前날 내보낸 電子를 주워 입고 本是의 水素

로 되살아나는 것입니다.

따라서 太陽이나 恒星인 별들은 계속하여 에너지를 放出하고

四方에 發散시키기 위해서는 자꾸만 되살아나는 이들 傷處입은

水素와 죽어서 된 中性子를 어떤 方法으로든지 되살아나지 못하

도록 잡아 가두어 둘 필요가 있는 것입니다. 이들을 限時的으로

가두어 둘 무덤이 필요한 것이지요.

一. 中性子의 回歸性

자꾸만 되살아나고자 하는 傷處입은 水素와 中性子를 어떤 方

法으로 가두어 둘 수 있었을까요? 傷處입은 水素와 中性子를 結

合시켜서 전혀 性質을 달리 하는 다른 形態의 物質로 變更시켜

무덤을 만들고 가두어 두는 方法이었습니다.

　그 무덤이 바로 地球上의 元素物質이며 地球인 것입니다. 太陽系의 다른 行星들도 이들의 무덤인 것이지요. 宇宙의 理致란 참으로 神妙하기만 하지요?

　宇宙의 物質的 本質인 水素는 原子이면서 物質의 基本이 되는 가장 가벼운 元素物質인 것입니다. 原子量 하나의 元素物質인 것이지요.

一. 元素物質의 生成

　宇宙의 物質的 本質인 水素를 除外한 地球上의 모든 元素物質은 水素의 核融合 過程에 電子를 放出하고 傷處를 입은 水素와 죽어서 된 中性子가 結合해서 造成시킨 産物인 것입니다. 아마도 여러분은 이런 사실을 전혀 모르고 있었을 것입니다. 東洋의 奧妙한 學問이 宇宙의 眞實을 明瞭하게 밝힌 結果로 알려진 사실이니까요.

　地球上에서 가장 무거운 物質이며 原子彈을 만드는 原料로 쓰이는 우라늄同位元素에는 그 元素 하나에 자그만치 230個 內外의 傷處입은 水素와 中性子가 結合되어 있는 것입니다. 이 우라늄同位元素가 지금 한창 傷處입은 水素와 中性子로 부서지는 過

程에 있는 것입니다.

우라늄元素가 부서지는 現象을 核崩壞 또는 核分裂이라고 합
니다.

元素物質의 核分裂 또는 核崩壞란 傷處입은 水素와 中性子가
原來의 結合에서 서로 分離된다는 뜻인 것입니다. 지금 太陽에서
進行하고 있는 水素의 核融合하고는 反對되는 現象인 것입니다.

우라늄同位元素의 核分裂은 傷處입은 水素와 中性子가 서로
分離된다는 뜻이지만 이 때 큰 에너지가 放出되면서도 그들은 電
子인 옷을 주워 입고 本是의 完全한 水素로 還元해서 되살아나는
것입니다.

그 前날 水素의 核融合爐에서 電子를 내보내 에너지로 放出하
면서 傷處를 입거나 죽어서 된 中性子가 電子를 주워 입고 水素
로 되살아나는 거지요. 分離된 그들이 되살아나는 過程에서 人間
은 엄청난 災殃의 危害를 입게 되는 것입니다.

水素가 모여서 된 太陽은 쉬지 않고 電子를 내보내 에너지로
結合시켜서 四方空間에 發散하고 있습니다. 따라서 太陽도 元素
物質이 만들어져 蓄積되면서 언젠가는 죽어가게 될 것입니다.
地球처럼 質量이 적은 별은 일찍 죽게 되고 太陽처럼 質量이

엄청나게 큰 天體는 그만큼 壽命이 길 수밖에 없을 것입니다.

太陽은 계속하여 빛나면서도 矮小하고 質量이 적은 太陽系의 恒星들이 진작에 죽어 暗黑體로 머물고 있는 理由가 그런 原因때문인 것입니다.

一. 太陽이 죽으면 무엇이 남을까요?

太陽처럼 계속하여 빛을 發散하는 별을 恒星이라 한다 했음은 앞에서도 말한 바 있습니다. 이들 恒星도 끝내는 죽게 되는 것이지요. 모든 별들이 有限의 生命인 셈인 것입니다. 별이 죽는다는 뜻은 빛을 發散하지 않고 暗黑化되어 간다는 뜻이 됩니다.

모든 별은 宇宙의 物質的 本質인 水素가 凝集되어 만들어진 天體이니까 별이 죽는다는 뜻은 결국 水素가 죽는다 하는 理致가 될 것입니다.

水素가 죽는다면 어떻게 죽을까요? 앞에서도 말했지만 水素가 自己의 構成因子이고 素粒子인 電子를 내보내 太陽에너지를 만들어 四方空間에 放出하면 放出된 量에 比例해서 傷處를 입거나 죽어 中性子가 되는 것입니다.

그런데 宇宙는 奧妙하기 짝이 없고 참으로 歎伏해 마지 않을 기막힌 攝理가 있는 것입니다. 水素가 잠시동안 죽어 갇혀 있다

가도 서로 分離되는 機會만 주어지면 옷을 주워 입고 신속히 되

살아나는 재주가 있기 때문입니다. 이런 理致에서 본다면 宇宙는

永遠不滅인 性格인 것이지요.

　水素가 電子를 내보내 傷處를 입거나 죽어 中性子가 된다 해도

우라늄元素가 進行하는 核分裂의 경우처럼 서로 分離되어 있게

되면 前에 내보낸 電子를 周邊에서 주워 입고 지체없이 水素로

되살아나는 것입니다.

　外部로 에너지를 계속해서 내보내고 發散되어야 할 太陽은 中

性子가 水素로 되살아나는 回歸性이 여간 골치 아픈 일이 아닐

수 없었을 것입니다.

　어찌 그러느냐 하면 太陽에서 만들어지는 傷處입은 水素와 中

性子가 계속해서 옷을 주워 입고 되살아난다면 太陽은 外部에 放

出할 에너지가 없게 된다는 理致가 될 일이기 때문입니다. 그렇

게 된다면 太陽은 外部로 에너지를 放出할 수 없고 빛날 수 없게

되겠지요?

　太陽이 계속하여 四方에 에너지를 發散하고 빛나기 위해서는

계속 옷을 주워 입고 되살아나는 傷處입은 水素와 中性子를 어떤

方法으로든지 가두어 두어야 할 필요가 있었을 것입니다. 奇想天

外의 特殊한 方法이 되겠습니다만 어떤 手段과 方法으로 가두어

둘 수 있을까요?

　이제까지 사람들은 모르고 있었던 일이고 今始初聞의 일이었
겠지만 되살아나는 이들을 꼼짝달싹 못하게 가두어 둘 妙策은 무
덤을 만드는 일이었습니다. 그 무덤이 바로 地球上에 있는 各種
元素物質인 것이지요.
　酸素 金 銀 銅 우라늄 같은 地球上의 모든 元素物質이 傷處입
은 水素와 中性子가 結合되어 갇혀 있는 무덤인 것입니다.
　原子彈을 만드는 우라늄同位元素는 지금 한창 核分裂을 進行
하는 過程에 있습니다. 正確히 알아두어야 할 일은 우라늄의 核
分裂이란 水素의 核融合爐에서 무덤으로 만들어진 우라늄元素
가 中性子와 傷處입은 水素로 부서지면서 그들의 옷인 電子를 주
워 입고 水素로 되살아나고 있다는 뜻이 되는 것입니다.
　不幸하게도 이 過程에서 人間을 爲始한 모든 生物이 살육을 當
하는 엄청난 危害와 悲劇이 따르게 되는 것입니다.

　地球上에는 많은 種類의 元素物質이 있습니다. 그들의 形態와
性質은 諸各己 달라도 本質은 오직 水素가 電子를 내보내고 傷處
를 입거나 죽어서 核만 남게 된 中性子인 것입니다. 元素物質의
本質은 모두 같은데 다만 그들의 結合된 數만 다를 뿐인 것입니
다.

이런 理致에서 類推해 본다면 地球도 그 옛날은 太陽처럼 스스로 빛나고 있었다는 뜻이 될 것입니다. 太陽系에는 많은 行星과 行星의 衛星이 있지만 太陽에 比해 質量이 너무 적기 때문에 진작 불이 꺼지고 質量이 큰 太陽만이 지금도 빛나고 있는 것입니다.

이제까지 밝힌 새로운 宇宙의 眞實은 東洋의 宇宙論과 物理思想에 根據한 것이며 西洋의 宇宙論에서는 極口 否認되고 있다는 事實을 念頭에 두고 判斷해야 할 것입니다.

一. 宇宙는 回歸한다

水素는 宇宙를 經營하는 本質이기 때문에 一定期間 元素物質로 結合되어 무덤 속에 潛伏해 있는 變形은 있어도 그의 素粒子인 電子와 더불어 本質的으로는 죽지 않으며 되살아나서 새로이 宇宙를 經營하는 永遠不滅의 存在인 것입니다.
水素는 自己의 素粒子인 電子를 내보내 太陽에너지를 造成하는 過程에 傷處를 입거나 죽어 中性子가 되어서 元素物質로 結合되어 무덤 속에 갇혀 있다가도 우라늄核分裂의 경우처럼 元素物質이 核分解되어 傷處입은 水素와 中性子로 分離되면 自己가 그 옛날 내보냈던 電子를 순간적으로 주워 입고 本是의 水素로 되살아나서 回歸하는 것입니다.

元素物質이 차례로 分解되어가고 죽은 水素가 부속품인 電子를 再結合시켜 되살아나는 性格이라면 宇宙는 죽지 않고 生成과 죽음을 되풀이 하는 永遠不滅의 回歸的인 性格이 될 것입니다.

그러니까 宇宙는 單位宇宙인 小宇宙別로 生成되어 一生을 經營하고 마감하게 되며 이 죽은 小宇宙가 一定期間을 据置하면 自動分解되어 살아나서 새로운 小宇宙를 生成시켜 經營하는 循環을 되풀이 한다는 結果로 歸結될 것입니다.

우리의 銀河系 小宇宙도 一生동안의 經營이 끝나면 죽어 오랜 歲月이 지나면서 끝내는 分解되고 水素로 되살아나서 또다시 새로운 小宇宙를 生成시켜 經營하게 될 것입니다.

地球上에서는 무거운 物質은 核分解가 진작에 끝났고 末期에 가깝기는 하지만 지금 한창 우라늄同位元素의 核崩壞가 進行하는 過程에 있습니다. 우라늄元素의 核分裂은 一時에 進行되는 性格이 아니고 참으로 오랜 歲月에 걸쳐 조금씩 이루어지는 性格인 것입니다.

一. 우라늄 元素의 半減期

우라늄 同位元素의 半減期가 種類에 따라 7億年에서 50億年

가까이 걸리니 참으로 오랜 時間에 걸쳐 조금씩 더디게 核崩壞가 進行되는 性格이라고 볼 수 있을 것입니다.

 여기에서 말하는 半減期란 그 物質이 核崩壞를 계속하면서 量이 半으로 줄어가는 期間을 말하는 것입니다. 半減期가 50億年인 우라늄 元素는 50億年이 지나서야 비로소 量이 半으로 준다는 뜻이 되는 것입니다. 이런 性質 때문에 原子爐에서 나온 재도 核分裂이 계속 이어지고 危險한 것입니다.

 地球上에는 우라늄 元素보다도 무거운 物質이 여러 가지 造成되어 있었던 것으로 보이지만 무거운 物質일수록 核崩壞가 빨리 進行되는 性格으로 지금은 거의 사라지고 흔적만 남아 있을 뿐입니다. 그런 理致에서 미루어 본다면 地球上의 모든 元素物質도 차례로 分解되어 水素로 되돌아 간다는 뜻이 될 것입니다.

 아시는 바와 같이 地球上에서는 지금 한참 우라늄 同位元素의 核分解가 進行되는 過程에 있습니다. 火山活動이나 地震도 우라늄 元素의 核分裂로 일어나는 現象이며 原子彈이나 原子力發電도 우라늄 元素의 核分裂을 移用한 것입니다.

 우라늄 元素가 核分裂되는 자리에는 當然히 傷處입은 水素와 中性子가 있어야 하는데 그들은 온데 간데 없고 오직 水素만이 남아있는 것입니다. 그들이 電子인 옷을 주워 입고 水素로 되살아나니 그 자리에 水素가 남아 있게 될 일이야 當然한 理致일 것입니다. 이게 바로 傷處입은 水素와 中性子가 水素로 되살아난다는 산 證據가 될 것입니다.

그러나 水素도 가벼운 物質이라 하늘 높이 올라가고 사실은 아무런 흔적도 남아 있지 않게 되는 것입니다.

一. 우라늄 元素는 水素로 살아나고 있다

우라늄 元素가 核分裂되는 자리에는 當然히 있어야 할 傷處입은 水素와 中性子는 없고 어찌 아무런 흔적도 남아 있지 않을까요? 傷處입은 水素와 中性子는 天性이 홀로 있지를 못하는 性格이어서 太陽에너지의 모든 要素를 신속히 電子로 分解시켜 옷을 주워 입고 水素로 되살아나기 때문인 것입니다.

실제로 地下 깊숙히 密封해서 묻어둔 核廢棄物에서 定期的으로 多量의 水素가 噴出되는 現象이 確認되고 있는데 이런 사실이 바로 우라늄 元素가 核分裂을 계속하는 途中 分離되는 中性子와 傷處입은 水素가 完全한 水素로 되살아난다는 明白한 證據가 될 것입니다.

이런 理致에서 볼 때 全體的인 宇宙는 永遠하지만 部分的인 小宇宙는 單位別로 죽었다가 되살아나서 또다시 새로운 宇宙를 誕

生시킨다는 結果가 될 것입니다. 죽고 태어나는 人間世上과 同一

하다고 볼 수 있을 것입니다.

　宇宙도 죽는 性格이다 하지만 一時에 죽는다는 뜻이 아닙니다.
銀河系 小宇宙와 같은 小宇宙 單位로 生과 死를 되풀이 한다고
判斷해야 옳을 것입니다. 그렇다고 할 때 全體的인 宇宙는 언제

나 살아 있게 되는 것입니다.

一. 中性子는 실로 可恐한 要素이다

　여기에서 사람들이 銘心해서 注意를 기울이지 않으면 안 될 아

주 重要한 일이 있습니다. 비단 우라늄 同位元素에 局限된 性質

이 아닙니다만 元素物質이 核分裂을 進行하는 途中에 分離되는
傷處입은 水素와 中性子가 太陽에너지 要素의 모든 成分을 순간
적으로 奪取해서 電子로 分解시켜 주워 입고 水素로 還元한다는

사실인 것입니다.

　그들이 水素로 되살아나는 일이야 何等 나무랄 일이 아니고 오

히려 바라마지 않을 좋은 일이라 할 수 있겠지만 그러나 好事에
多摩라고나 할까 사람한테 엄청난 危害의 災殃을 몰고 오는 禍根

이 도사리고 있는 것입니다.

　그들이 옷을 주워 입고 되살아날 때 그냥 고이 되살아나는 性

格이 아니라 사람을 爲始해서 모든 生物들을 함부로 살육하는 놀

라운 사실 때문인 것입니다.

　우라늄 元素의 核分裂로 分離되어 나오는 傷處입은 水素와 中

性子는 宇宙를 回生시키는 要素이기도 하지만 다른 한편으로 모

든 生物을 마구잡이로 죽이는 실로 可恐한 存在이기도 한 것입니

다. 사람과 生物한테 危險하고 致命的인 要素의 存在가 아닐 수

없는 것이지요.

　도대체 그들이 무슨 理由로 또 어떤 原因에서 사람과 生物을

함부로 죽이고 病들게 하는 것일까요?

　우선 알아두어야 할 일은 中性子와 傷處입은 水素는 지체하지

않고 옷을 주워 입고 原狀의 水素로 되살아나기 때문에 순간적으

로만 存在할 뿐 地球上에서 그들의 存在를 실제로 確認할 수 없

다는 사실인 것입니다.

　地球上의 生物은 太陽에너지로 生成된 太陽에너지 要素의 産

物인 것입니다. 太陽에너지는 水素 속의 電子가 나와 結合해서

造成된 産物이라는 사실은 앞에서 밝힌 바 있습니다. 電子가 太

陽에너지의 源泉이며 太陽에너지는 電子인 것이지요.

　우라늄 元素가 核分裂을 進行하는 途中에 分離된 傷處입은 水

素과 中性子는 正常的인 水素로 되살아나기 위해서 生物의 太陽

에너지 要素를 奪取해서 電子로 分解시켜 옷을 주워 입는 것입니다.

　宇宙의 攝理에 따른 참으로 놀랍고 奧妙하기 그지없는 대단한 能力이 아닐 수 없을 것입니다. 그러나 이때 不幸하게도 生物은 太陽에너지 成分을 奪取 當하고 細胞組織이 破壞되어 損傷을 입게 되니 죽고 病들 수밖에 없는 것입니다.

　그들의 量이 많으면 生物은 直死하게 되고 相對的으로 量이 적을 때는 原子病이나 癌에 걸려 呻吟하면서 결국 죽어갈 수밖에 없을 것입니다.

　짧은 說明이 되어서 宇宙를 제대로 理解했을 일일지 疑問이군요. 宇宙는 本質的으로 오직 水素밖에 存在하지 않으며 水素가 바로 宇宙이고 萬物을 만들어가면서 宇宙를 經營하는 根本인 것입니다. 人間이 依支해서 살아가는 太陽에너지의 根源은 水素 속의 電子인 것이지요.

一. 太陽系의 生成

　이번에는 太陽系의 生成과 起源에 대해서 考察해 볼까요? 人間이 依支해서 살아가는 地球가 예속된 太陽系는 太初에 어떻게 해서 생겨났을까요? 어떤 本質에 의한 어떤 動機의 어떤 原理에서 生成되고 起源되었을까 하는 것입니다.

  西洋의 宇宙 膨脹說은 太古에 宇宙가 한 點으로부터 폭발하여 四方으로 팽창해간다 主張하고 있습니다. 西洋의 論理는 宇宙의 全體物質이 한 곳으로 集中되어 있었고 時間과 空間도 그때부터 시작되었다는 槪念으로 이어질 것입니다.

  그러나 그런 막연한 主張만으로는 宇宙의 現況이 合理的으로 說明되지 않는 것입니다. 아무리 斥力 같은 怪常하고 궁색한 理論을 導入해서 合理化시키려 해도 자꾸만 억지로 이어질 뿐 宇宙의 現況을 合理的으로 說明할 수 없는 것입니다.

  그렇다면 一絲不亂하게 組織的으로 構成되어 있는 太陽系의 生成과 起源이 物理의 合理的인 理致에 따라 說明될 수 있을까요?

  東洋의 宇宙論에 바탕한 物理觀이지만 太陽系의 起源과 生成이 事物의 理致에 따라 合理的인 原理가 提示되는 構圖로 說明될 수 있는 것입니다.

  太陽系의 形成과 起源이 事實인 대로 解明이 된다면 宇宙의 眞實도 따라 克明하게 밝혀지게 될 것입니다.

  그러면 지금부터 東洋의 物理思想에 바탕해서 太陽系가 生成되고 起源된 物理的 理論을 展開해 보이기로 하겠습니다. 事物의

理致에 바탕한 이 새로운 理論展開는 旣히 出刊된 拙著의 《天地
는 무엇인가?》와 《世上 萬物의 理致》라는 책에서 提示되고 있는
理論에 根據하고 있습니다. 眞實이라는 사실이 確認될 것입니다.

　먼저 宇宙는 膨脹하는 性格이 아니고 單位空間을 占有하고 있
던 宇宙의 物質的 本質인 水素가 行使하는 重力作用으로 그 空間
領域에 散在되어 있던 水素가 凝集되어 太陽系의 各己 天體가 形
成되었다는 사실을 認識할 필요가 있을 것입니다.
　太陽系는 넓은 空間에서 水素의 重力作用으로 收縮되어 形成
된 것입니다.
　水素는 宇宙의 物質的 本質이기 때문에 單位空間에는 그곳의
空間密度에 符合될 一定量의 水素가 占有하고 있게 되는 것입니
다.
　原子이고 宇宙의 物質的 本質인 水素가 行使하는 重力의 原理
는 相互間에 引力이 作用되어 그 空間領域에 散在되어 있는 水素
를 서로 모아 둥그런 공 모양의 天體들을 만들어 갈 것입니다.
　小는 中食이요 中은 大食인 事物의 理致에 따라 둥그렇게 形成
되기 시작한 天體들은 引力이 미치는 限 周邊의 水素를 끌어 모
아 자꾸만 自己의 質量과 體積을 늘려 갈 것입니다. 天體의 이런
作用을 凝集이라고 합니다.

水素가 凝集되어 質量과 體積이 커진 天體는 넓은 空間의 到處
에서 生成되어 散在하게 될 것입니다.
　앞에서 水素의 核融合에 대해서 言及한 바 있는 대로 水素가
凝集되어 이렇게 만들어진 天體들이 -273℃의 絶對溫度下에서
비로소 核融合을 시작하는 것입니다.

　電氣가 電導體없이 제멋대로 흐르는 -273℃의 絶對溫度下의
空間에서 水素가 凝集되어 形成된 둥그런 天體는 反對쪽에서 서
로 옥죄는 큰 引力으로 모든 天體의 表面이 큰 壓迫을 받게 될 것
입니다. 水素가스體인 天體의 表面이 울렁거린다고 볼 수 있을
것입니다.
　그렇지 않아도 絶對溫度下에서 不安해 坐不安席인 水素 속의
電子가 드디어 安定을 잃고 밖으로 뛰쳐나와 各種 에너지로 結合
되면서 天體는 빛나게 되는 것이지요.
　이 現象이 바로 水素의 核融合이며 空間의 到處에 形成된 天體
에서 드디어 水素의 核融合이 시작되고 天體는 빛나게 되는 것입
니다. 이게 바로 新星의 出現이고 小宇宙의 起源인 것입니다.

　太陽이 에너지를 發散하면서 스스로 빛나는 水素의 核融合은
이런 原理로 시작된다는 사실을 理解할 수 있겠습니까? 太陽을

비롯해서 宇宙空間의 모든 恒星들이 빛나는 理由는 宇宙의 物質
的 本質인 水素가 모여 經營하는 核融合의 이런 原理에 起因하는

것입니다.

　宇宙는 本質的으로 水素이외 아무것도 存在하지 않으며 水素
가 바로 宇宙를 經營하는 本質인 것입니다. 太陽系도 이런 原理
로 生成된 天體들이 縮小되어 形成된 것입니다.

一. 銀河系 小宇宙

　人間이 살고 있는 地球와 太陽系의 形成을 理解하기 위해서는
먼저 太陽系가 예속되어 있는 銀河系 小宇宙에 대한 知識부터 갖
고 있어야 할 것입니다. 銀河系는 하나의 小宇宙이면서 單位宇宙
의 性格인 것이지요. 멀리에서 보면 구름처럼 보이기 때문에 星
雲이라고 불리기도 합니다.

　單位宇宙란 宇宙가 銀河系와 大同小異의 小宇宙 單位로 體系
化되어 存在한다는 뜻인 것입니다. 그러니까 宇宙는 銀河系 小宇
宙와 같은 單位宇宙의 連續된 世界인 것이지요. 重力을 行使하는
水素의 能力은 恒星系를 모아 單位宇宙를 生成시키고 組織해서
經營하는 데까지가 限界라 생각하면 될 것입니다.
　알아두어야 할 일은 東洋의 宇宙觀은 西洋의 宇宙膨脹說과 같

은 制限된 宇宙가 아니라 無限의 世界라는 사실인 것입니다. 宇宙는 끝이 없다는 것이지요.

우리 太陽系가 예속되어 있는 小宇宙를 어째서 銀河系라 부르고 있는지 아십니까? 여름 밤하늘을 보면 北쪽 하늘에서 南쪽 하늘에 걸쳐 無數한 별이 密集되어 마치 銀가루를 뿌려 놓은 듯 반짝이는 긴 띠를 보게 됩니다.

이곳이 銀河系 中心部에 해당됩니다만 사람들은 이 눈부신 光景을 보고 銀가루를 뿌린 江물 같다 하여 銀河水라 부르게 된 것입니다. 이에 由來해서 銀河系 小宇宙라 命名된 것이지요.

만일 一定空間의 水素가 凝集되어 形成된 天體가 A와 B의 두 個만 있었다고 假定해 보기로 하겠습니다. A.........B의 두 天體는 一直線上으로 引力이 作用하여 끝내는 하나로 뭉쳐지게 될 것입니다. 이런 경우이라면 宇宙는 形成되지 않고 成立될 수 없는 것이지요.

그러나 A, B, C의 天體가 먼 空間에서 三角形의 位置에 있게 되는 경우이라면 어떤 狀況이 展開될 것이며 結果는 어떻게 될까요?

이때는 서로 間의 距離가 좁혀지면서 彼此의 引力이 三角關係로 作用되기 때문에 圓盤形으로 回轉하게 될 것입니다.

水素의 重力作用으로 생기는 天體의 複合的인 引力作用이 單位宇宙를 構成시키고 體系化시키는 原動力이 되며 銀河系 小宇宙가 圓盤形으로 돌고 있는 原理인 것입니다.

宇宙는 끝없이 넓은 空間입니다. 이 넓은 空間에서 天體들은 水素가 行使하는 重力의 運動原理에 따라 서로가 끌어당겨 領域을 좁히고 縮小되어 體系化하고 스스로 回轉되면서 달리는 빠른 速度가 생기는 것입니다.

모든 小宇宙는 例外없이 소용돌이치며 빠른 速度로 달리고 있습니다. 天體의 體系構成과 달리는 빠른 速度는 水素가 行使하는 重力의 作用으로 생기는 것입니다. 天體의 運動과 體系化되는 造化는 水素가 行使하는 重力이 만드는 거지요.

水素의 重力作用이 얼마나 偉大한지는 銀河系 小宇宙의 크기와 速度에서 미루어 짐작할 수 있는 것입니다. 銀河系 小宇宙는 太陽系 같은 恒星系가 자그마치 二千億個 程度가 모여서 形成된 것으로 알려지고 있으며 秒速 2400km 程度의 빠른 速度로 달리고 있는 것으로 推理되고 있습니다.

想像을 超越한 銀河系 小宇宙의 크고 이 빠른 速度는 銀河系 小宇宙의 恒星系들의 重疊된 重力作用으로 멀고 넓은 空間으로부터 縮小되고 그들의 回轉運動으로 생긴 것입니다.

正確히 確認된 일은 아니지만 銀河系 小宇宙의 恒星系 가운데
의 많은 數가 地球와 같은 生命體를 進化시키고 있을 것으로 推
理되고 있습니다.

一. 太陽系의 形成

太陽은 銀河系 小宇宙의 中心部位로부터 約 3만 光年쯤 떨어
진 다소 바깥쪽으로 치우친 位置에 자리하고 있습니다. 地球의
速度는 秒速 30km이지만 太陽의 速度는 秒速 240km 程度로 推定
되고 있습니다.

그토록 빨리 달리는 太陽도 銀河系 中心部를 一周하는 데는 자
그마치 2億年 以上이 걸리는 것입니다. 그런 太陽系가 도대체 어
떻게 形成 되고 構成 되었을까요?
太初에 空間의 到處에서 水素가 凝集되어 많은 天體가 形成 되
어 갔을 것입니다. 그 空間의 中心勢力으로 커진 太陽이 銀河系
中心部位의 引力에 이끌리고 움직이면서 周邊의 작은 天體들도
따라 움직이게 되었을 것입니다.

地球가 太陽을 돌며 달리듯이 모든 天體는 回轉하고 曲線을 그
리면서 빠른 速度로 달립니다. 이렇게 하지 않으면 天體는 存續

할 수 없는 것이지요.

　그러면 地球가 달리는 秒速 30㎞의 빠른 速度는 어떻게 해서
생겼으며 太陽을 公轉하는 曲線運動은 어떤 原理로 形成 되었을

까요?

　水素가 作用하는 天體의 複合的인 重力作用으로 銀河系 中心
部位의 天體들이 소용돌이를 일으키며 回轉하면서 달리게 되니
까 먼 곳에서 이끌리고 따라가게 되는 太陽도 速度가 생기고 重
力線도 따라 曲線을 그리며 달리게 되었을 것입니다.

　그 뿐만이 아니라 抵抗을 줄이기 위해서 自己도 스스로 回轉하
게 되었을 것입니다. 天體의 自轉이 생긴 原理이지요.

　그 空間領域에서 가장 큰 重力體로 發達한 太陽을 따라 움직이
는 작은 天體들도 自然히 速度가 생기고 曲線을 그리면서 따라가
게 되었으며 自身들의 몸체도 回轉하게 되었을 것입니다. 이게
바로 天體가 갖는 速度이며 自轉運動인 것입니다.

　太陽을 中心으로 한 그 空間領域에는 數를 헤아릴 수 없는 많
은 天體들이 形成 되어 各己 獨自的인 核融合을 營爲하면서 빛나

고 있었을 것입니다.

　그 天體가운데의 大部分은 太陽 속으로 陷沒 되어 太陽의 質量
과 體積을 부풀려 갔을 것입니다. 그러나 적은 數는 奇蹟的으로
太陽의 各己 公轉軌道에 進入하여 核融合을 끝마친 채 지금의 體

系와 秩序를 維持하면서 太陽系를 構成하여 存續하고 있는 것입니다.

　그렇다면 지금부터 地球를 例로 하여 太陽系의 現況을 한번 說明해 볼까요?

　地球는 現在 秒速 30km의 빠른 速度로 曲線을 그리며 一年을 週期로 太陽을 公轉하고 있습니다. 또 24時間인 一晝夜의 一自轉을 계속하고 있습니다.

　애당초 停止狀態에 있었을 地球가 움직이는 太陽에 이끌려 가까이 다가오면서 加速이 붙고 太陽에 近接해 왔을 때는 人間이 經驗한 그 어떤 速度보다도 빠른 秒速 30km의 速度가 된 것입니다. 이러한 太陽系가 形成되기까지에는 數十億年의 歲月이 흘러갔을 것입니다.

　만약 太陽이 움직이지 않고 제자리에 가만히 서 있었다면 地球의 運命은 어떻게 되었을까요?

　地球는 틀림없이 太陽으로 直進하여 서로 合쳐지는 悲運을 免할 수 없었을 것입니다. 그렇다면 어떻게 해서 地球가 그런 끔찍한 悲劇이 招來될 禍를 謀免하고 太陽의 公轉軌道에 進入하여 오늘의 安定을 維持하면서 人類文明을 꽃 피울 수 있었을까요?

　地球가 加速이 붙어 秒速 30km의 빠른 速度로 1億5千萬km의

距離까지 가까이 다가왔을 때는 太陽은 秒速 240km의 더 빠른 速度로 달리면서 銀河系 小宇宙의 公轉軌道에 이미 進入하여 옆으로 비스듬히 비켜가고 있었을 것입니다.

먼 곳에서 地球를 끌어당기면서 太陽은 옆으로 비켜 달리고 있었기 때문에 地球는 太陽으로부터 1億5千萬km 옆으로 비켜 떨어져 있게 된 것입니다.

太陽과 地球의 이런 力學的 相關關係로 地球의 重力線은 曲線을 그리며 太陽을 따라올 수밖에 없었던 것입니다.

天體運動의 이러한 相關關係의 力學構造 때문에 地球는 1億5千萬km나 떨어진 距離에서 太陽을 옆으로 비켜가게 되었던 것입니다. 그냥 안녕하고 地球가 그대로 비켜 달아났다면 地球는 틀림없이 宇宙의 迷兒가 되었겠지요?

質量이 엄청나게 큰 太陽은 멀리 비켜 달아나고자 하는 地球를 그냥 坐視하지 않고 制動을 걸었을 것입니다.

"요것 봐라...? 이 조그만 덩치 주제에 眼下無人格으로 그냥 달아나려고 하네! 그렇게는 안 되지. 미안하지만 나한테로 다가와 주어야겠다"하면서 힘껏 끌어당겼을 것입니다.

地球는 깜짝 놀라 질겁을 하면서 당황하였을 것입니다. 그도 그럴 것이 그대로 直進하여 太陽한테 끌려갔다간 自己는 흔적도 없이 사라질 運命이니까요.

"어렵쇼, 큰 일 났네! 이대로 당신한테 끌려간다면 나는 그대로 죽고 마는데…… 그렇게는 안 되지. 호락호락 끌려가서 生을 마감하고 싶은 생각은 추호도 없단 말이야. 만일 그렇게 되었다간 뒷날 人類文明도 꽃 피울 수 없을 거야"하고 拒否意思를 分明히 밝혔을 것입니다.

巨大한 太陽에 比해 쥐알 만하게 적은 地球가 큰 소리치며 그토록 당돌한 發言으로 拒否意思를 밝힐 수 있었던 背景이 도대체 무엇이었을까요?

그것은 다름 아닌 地球가 90度 角度에서 太陽을 비켜 달리는 秒速 30km의 빠른 慣性速度이었던 것입니다. 太陽의 質量이 아무리 크다 해도 1億5千萬km나 멀리 떨어진 距離에서 秒速 30km의 빠른 慣性速度로 옆을 비켜 달리며 달아나려는 地球를 끌어당기기에는 力不足이었을 것입니다.

地球 또한 太陽의 그 큰 引力을 拒逆하고 뿌리치며 달아날 힘은 없었던 것입니다. 마침내 兩者는 妥協하기로 合意하고 中庸과 均衡의 길을 擇하여 太陽의 公轉軌道에 進入해서 地球는 安定을 維持하고 調和를 찾았을 것입니다.

太陽의 그 큰 引力을 뿌리치고 달아날 餘力이 없는 地球와 地球質量의 秒速 30km의 慣性速度로 뿌리치고 달리는 地球를 이기기에는 힘이 미치지 못하는 太陽이 서로 圓滿히 妥協할 수 있었던 길은 무엇이었을까요?

 그것은 地球가 太陽의 公轉軌道에 進入하여 돌고 도는 方法밖에 달리 道理가 없었던 것입니다. 太陽은 滿足하고 地球는 順從하는 姿勢로 서로간의 調和를 찾은 것입니다.

 이런 原理로 지금의 行星들이 太陽의 公轉軌道에 進入하게 되고 그들의 衛星들이 各己 行星의 軌道에 進入하게 되면서 드디어 우리의 太陽系가 形成되고 體系化되어 維持하게 되었을 것입니다.

 비단 太陽系뿐만이 아니라 다른 모든 恒星系도 太陽系와 똑같은 構造로 體系化되어 存在하고 있을 것입니다. 어찌 그러느냐 하면 水素가 行使하는 重力의 原理는 똑 같기 때문입니다.

 太陽系의 모든 天體들은 西洋의 宇宙論에서 主張되고 있는 것처럼 太陽에서 찢겨져 나와서 만들어진 部分體가 아닌 것입니다. 넓은 空間領域에서 水素가 行使하는 重力作用으로 서로를 凝集시켜 만든 各己 固有의 生成體인 것입니다.

 太陽의 行星들은 애초에 各者가 固有의 領域에서 獨自的으로 形成되어 核融合을 經營하면서 빛났으나 적은 天體들은 質量이 적은 탓으로 진작에 에너지의 活動이 中斷되면서 불이 꺼지고 固體로 굳어진 채 지금에 머물고 있는 것입니다.

그러나 木星같이 質量이 비교적 큰 行星은 核融合의 末期에 머문 채 지금도 內部의 活動이 旺盛할 수도 있을 것입니다. 木星은 地球에 比해 體積은 1300倍가 넘고 質量도 300倍가 훨씬 넘는 대단히 큰 行星인 것입니다.

남 도 기 행

南道紀行

一. 甫吉島 가는 길 (보 길 도)

追友 江南이라는 경우가 되어 난생 처음으로 國土의 南端을 旅行하게 되었다.

筆者도 기나긴 歲月동안 南道를 故鄕으로 해서 살고 있었지만 엉거주춤한 곳인지라 光州밑의 아랫쪽 地域을 가본 일이 없다. 무슨 특별한 理由가 있어서라기 보다는 어쩌다 보니 그렇게 되었을 뿐이다.

外國을 제집 문턱 드나들 듯하는 世上에 바로 코앞인 곳을 가보지 못했다니 말이 되느냐 해서 도저히 믿어질 일이 아니다 할 것이다. 語不成說의 터무니 없는 말 같지만 사실이다. 燈下不明이란 이를 두고 이르는 말일 것이다.

一身上의 理由에서 이번에도 旅行을 나다닐 處地가 아니었지만 서울에서 사는 竹馬故友가 旅行이나 다녀오자 慰勞次 勸하는 好意를 無視하기 어려워 함께 떠나게 되었던 일이다. 孔子의 말에 過恭은 非禮라 했는데 지나치게 好意를 사양하고 固辭하는 일도 道理가 아니었기 때문이다.

　우리가 태어난 곳은 小說家 蔡萬植이 出生한 옛 臨陂 고을이지만 지금은 行政上 群山市에 속해 있다. 다만 어느 고장인가를 알리고자 하는 일일뿐 著名한 사람을 앞세워 狐假虎威의 威勢를 떨치고자 하는 底意에서 小說家 蔡萬植을 擧論한 일이 아니니 이 点 諒解있었으면 한다.

　서울에서 친구가 미리 내려와 一泊한 後 다음 날 아침 木浦行 汽車에 몸을 실었다. 그 날이 공교롭게도 어린이날이자 週末이 되어 표를 求하기 어려웠는데 친구가 미리 표를 求해 갖고 온 것이다.

　午後 한時쯤 木浦驛에 到着했는데 두時頃에 다른 사람과 만나기로 約束되어 있다고 했다. 간단한 點心으로 요기를 하고 驛앞으로 되돌아 가보니 俊秀하게 생긴 젊은이가 乘用車를 갖고 와서 미리 기다리고 있었다. 某大學의 교수라고 紹介받았다.

　筆者한테는 生疎한 곳이지만 世上에 너무나 잘 알려진 유달山을 車로 同乘하여 一周하는 案內를 받았다. 途中에 친구가 山봉우리의 뾰족한 바위를 가리키며 저 바위가 바로 노적봉이라 말한다. 그러면서 "三百年 怨恨품은 노적봉 밑에 임 그리워 우는 마음-------의 歌辭가 李蘭影의 삼학도라는 有名한 노래 속에 들어있는데 무슨 怨恨을 三百年동안이나 품게 되었는지 그 理由를 알지 못하겠다고 했다.

   그러면서 젊은 교수분한테 知識이 될 일이니 훗날 알아 보는 게 어떻겠느냐고 付託하는 말을 건넨다.

   얼나 지나지 않아 一行은 木浦의 海洋 博物館 앞에 서게 되었다. 茶를 대접받고 그 앞에 서게 된 것이다.

   四方을 두리번거리며 낯선 風景을 두루 살피고 있는데 친구가 느닷없이 앞山의 우람하게 생긴 큰 바위를 가리키면서 "아무개가 그러길 저 바위가 무엇인가를 닮았다고 하던데 도대체 무엇을 닮았다는 말인지 도무지 모르겠단 말야------하며 넌지시 말을 던지고 모르는 척 꼬리를 감춘다.

   "옳거니 친구의 本病이 또 도지려 하는 모양이군------? 이번에도 그의 꼬임에 빠져 앞장서지 않으면 안 될 일이 벌어지지 않을까 하는 不吉한 豫感이 드는데 아니나 다를까 그 豫感이 그대로 的中되고 만 것이다.

   어찌 그러느냐 하면 그는 每事 앞장서서 길을 닦아 저질러 놓고 開拓하기는 잘 하지만 마무리를 짓지 않고 슬그머니 뒷전으로 물러나 꽁무니를 빼면서 뒷 責任이나 結末을 三者한테 轉嫁시키는 習性이 있기 때문이다.

   말을 꺼냈으면 시원스럽게 結論을 맺을 일이지 어찌 이번에도 모르는 척 뒷전으로 슬그머니 물러서려는 것이냐 중얼거리면서

無心히 앞山을 올려다 보는 瞬間 억? 소스라치게 놀라지 않을 수

없었던 것이다.

世上에 自然의 造化가 저토록 絶妙할 수 있단 말인가? 오랜 風
霜에 시달려 奧妙하게 다듬어진 自然의 造形物에 놀라 새삼 할

말을 잊고 만 것이다.

一. 種의 起源을 상징한 岩盤

種의 起源을 象徵하고 있다. 이렇게 表現되어야 옳을 것으로

보인다. 쑥스럽고 민망하기 짝이 없는 말같지만 女性이 兩다리를

벌리고 앉아 있는 秘境을 彷彿케 하는 形象의 巨大한 自然의 彫
刻이 그 곳에 있었기 때문이다. 바윗山 全體가 하나의 彫刻作品

처럼 나타나 있었던 것이다.

　　모르긴 해도 世界에 類例가 없는 名品으로 稀貴한 存在의 自然
彫刻이 아닐까 생각되었던 것이다.

　　만일 人工的인 彫刻으로 만들어진 造形物이었다면 "저런 경칠

놈이------"하고 민망하게 생각하여 언짢은 마음에서 나무랄 수
도 있었겠지만 人工이 아닌 오랜 風霜에 依한 自然의 造化로 만

들어진 造形物임에라 누가 탓할 일이겠는가? 風霜에 의한 憶劫
의 功으로 가다듬어진 自然의 絶妙한 彫刻이요 造形物이었다.

俗名으로는 XX바위라고 불릴 법하지만 여러가지 傳說을 잉태하고 있지 않을까 생각되는 것이다.

이를테면 靑春을 謳歌하는 젊은 男女가 그 앞에 서서 "우리 두 男女의 未來가 더욱 多情해지면서 有終의 美를 거둘 수 있도록 도와 주소서!"하는 所願을 말하고 交感의 은밀한 視線이 오고 간다면 愛情이 더욱 敦篤해지면서 將來가 保障되고 더욱 圓滿해진다는 傳說말이다.

또 아직은 저물어가는 夕陽을 멀리 하고는 있으나 그래도 자꾸만 흘러가는 세월이 마냥 아쉽기만 한 善男 善女의 夫婦가 그 앞에 서서 "제발 付託하오니 늙지 않고 이대로 永遠히 젊음을 간직할 수 있도록 도와 주십시오"하고 간절한 所願을 말하면 "네가 무슨 三千甲子 東方朔이더냐? 慾心이 끝도 없구나! 아직 젊음이 充滿하고 넘치는데 뭐 그리 걱정이더냐? 杞憂일 뿐 걱정할 일이 아니다."

"그러나 精誠과 所願이 그토록 지극하다면 可矜해서 永遠히 늙지 않도록 해줄 것이다." 좀 誇張이 甚하다 하겠지만 그런 所願이 이루어질 傳說도 있을 수 있을 것이다.

그 뿐이랴? 所生을 갖지 못한 딱한 夫婦가 그 앞에 서서 "世上에 이토록 不公平하고 절통할 일이 있을 수 있는 일입니까? 허구많은 사람들이 모두 주렁주렁 달고 있는 所生을 어찌 저희들 夫

婦만이 唯獨 갖지 못한단 말입니까? 말도 안 되는 衡平의 原理에 어긋나는 일입니다. 付託하오니 불쌍히 여기시어 저희들한테도 제발 所生 하나만 点指해 주옵소서------” 한다면 “허허 그런 일도 다 있었던가? 그래서는 안 되지------조금도 念慮할 것이 없을 것이다. 所生 하나 갖고서는 적적하고 허전할 테니 願하는 대로 点指해 줄 것이다. 주저하지 말고 소원대로 갖도록 하여라!”한다는 傳說이 있을 법한 일이고 이 所願은 반드시 이루어질 것으로 생각된다.

그러나 銘心하지 않으면 안 될 일이 있을 것이다. 그 앞에 서서 “誰何를 막론하고 덤빌 테면 덤벼라!”외장친다던가 아니면 “기다려라! 내가 간다!”어쩌구 방정맞은 입을 놀리면서 발칙하고 不純하기 짝이 없는 豪氣를 부리는 얼간이가 있다면 “너 요놈! 무엄하고 傲慢放恣한 놈이로다. 世上에 어느 顔前이라고 괘씸한 주둥아리를 함부로 놀린단 말이냐? 도저히 그대로 默過할 수 없다.”하면서 도리어 호된 罰이 내려질 것이라는 사실이다.

左右間 種의 起源을 象徵한 岩山의 巨大한 彫刻은 自然의 偉大한 造化로 가다듬어진 奇奇妙妙한 造形物이 아닐 수 없을 것이다.

서울에서 또 한 사람이 더 合流하기로 約束되어 있다면서 連絡
을 取해 보니 木浦行 표를 사지 못해 할 수 없이 인근인 務安行
버스를 아침 일곱時에 탔으나 길이 막혀 이제 겨우 論山近處를
지나고 있다는 것이었다. 그러면서 務安의 鶴村마을을 찾아 두루
미의 棲息地를 찾아 구경하고 돌아오면 그 사이 當到해 있겠다는

전갈이라 했다.

　시키는 대로 鶴村이라는 마을의 두루미를 찾아 벗하고 돌아와
보니 그 분은 벌써 到着해 있었다.
　生面不知의 사이인지라 手人事를 나누고 時間이 促迫해서 이
내 海南의 土末里를 向해서 길을 재촉했다. 그 분은 서울의 某大
學 교수이자 科 學長의 職에 있다 했다. 친구가 그런 前歷을 經由
한 터라 恪別한 交分이 있는 것으로 보인다.

一. 車中 閑談

　새로 시원하게 뚫린 길을 自動車로 달리면서 얼마 가지 않으니
이내 우람한 山勢의 岩山이 나타나며 뾰족뾰족한 奇峰이 그 偉容
을 자랑하고 있었다. 靈巖아리랑의 노래에 나오는 有名한 靈巖의
月出山이라는 것이다. 친구의 德으로 靈山을 구경하는 幸運을 맞

는구나 싶었다.

旅行을 하는 들뜬 雰圍氣에서 그렇겠지만 싱거빠진 爲人들이 모이면 自然히 싱거운 말들이 오가기 마련일 것이다. 누가 序頭를 꺼낸 말인지는 모르겠으나 靈巖아리랑을 부른 某歌手의 나이가 지금 몇이나 되었을까 하는 궁금중이 話題에 올랐다.

그 歌手의 나이가 몇이건 아랑곳할 바가 무엇이며 무슨 相關일까만 사람의 好奇心이란 妙하고 야릇한 性質인지 그냥 지나칠 수 없었던 모양이다.

問題는 서로의 意見이 一致하지 않으며 各己 主張이 엇갈려 三人 三色이라는 点이었다. 젊은 교수는 운전에 熱中하느라 참견을 하지 않았으나 세 사람은 그에 대한 正確한 知識을 갖고 있지 않았으면서도 서로 自己의 主張이 옳다고 固執을 굽히지 않았다.

모르긴 해도 五十代 初半일 것이오 하는가 하면 터무니 없는 소리 五十代 後半이 틀림 없소이다 하는 主張이 나온다. 아는 척 꽤 하는데 아무래도 四十代 後半이 맞을 것이오 하면서 서로의 主張을 讓步할 氣色이 전혀 보이지 않는 것이다.

說往說來의 舌戰이 그대로 이어지자 그럴 것 없이 그분의 故鄕이 빤히 내다보이는 저 곳이니 직접 電話를 걸어보자 하는가 하면 此際에 아예 拔本塞源을 위해 직접 찾아가서 確認해 보자는 等 싱거운 소리가 오갔으나 끝내 意見 一致에 到達하지 못했다.

"허허------ 겨우 세 사람이 모여도 이 꼴이니 도대체 이 나라가 어찌 될려고 이 모양일까------? 彼此 苦笑를 禁치 못하고 있는 사이 車는 어느 새 海南땅으로 들어서고 있었다.

　　어쩌다 서울을 다녀올라치면 하늘 높은 줄 모르고 치솟아 林立해서 자꾸만 늘어가는 아파트群으로 山野가 가려 食傷하고 짜증스럽기만 하던 殺風景하고는 달리 이곳 海南의 山野는 五月의 新綠으로 어우러져 한껏 싱그럽고 상쾌하기만 했다. 海南땅은 意外로 農耕地가 적으면서 山이 많은 고장인 것으로 보인다. 自然히 人口 또한 적을 것이다.

　　人口가 적은 것이 무슨 자랑이냐 不滿일지 모르지만 그 만큼 自然이 때묻지 않고 原狀이 깨끗이 保存 維持되어 있어서 하는 말인 것이다.

　　부지런히 달려 그 날의 目的地인 國土의 最南端이라는 土末里까지 當到할 수 있었다. 一名 땅끝마을이라는 山의 頂上에 오르니 해는 이미 西쪽 바다의 水平線 위 구름 속으로 뉘엿뉘엿 기울고 있었다. 四圍도 어둑어둑 땅거미가 지기 시작하고 있었던 것이다. 周圍의 많은 사람들이 모두 내가 國土의 最南端에 서 있구나 하는 感懷에 젖어 있는 것으로 보인다.

　　어서 宿泊地를 찾아야겠는데 그날 따라 마침 休日이고 週末이어서 房을 求할 수 없었다. 수소문 끝에 겨우 民泊집을 찾았으나 房 하나에 6만원씩이나 呼價하기에 주저되었다. 바가지 料金이 盛行하는 것으로 미루어 보아 아직 開發途上에 있구나 하는 印象 을 받았다.

　어찌할까 망서린 끝에 형편을 알아보니 莞島에서도 甫吉島로 떠나는 배便이 있다 한다. 그렇다면 莞島로 가서 留宿하고 가자 는 쪽으로 意見이 모아져 莞島로 直行했다. 莞島가 예전의 섬이 아니고 連陸橋로 이어져 이제는 섬이 아니라는 것이다.
　莞島邑에서 便安히 一泊한 後 午前 6時 40分에 첫배가 甫吉島 로 떠난다기에 일찍 일어나 서둘러 船着場을 向해 出發했다. 그 런데 莞島邑에서 渡船場까지는 생각했던 것보다 먼 距離였다.
　가는 途中 친구가 時計를 들여다보더니 朴趾源의 熱河日記에 있는 말대로 曉夜 不及行이겠군 한다. 부지런히 달려도 定해진 時間까지는 도저히 當到할 수 없겠다는 것이다. 좀더 일찍 일어 나 서둘렀으면 좋았을 걸 後悔되었으나 때는 이미 늦은 것이다.
　騎虎之勢의 달리는 途中인지라 이제 와서 되돌아갈 形便도 아 니고 할 수 없이 가는 데까지 갈 수밖에 달리 道理가 없었다.
　"KOREAN Time도 있는 法이니까" 달리 뾰족한 方法이 있는

터도 아닌지라 행여나 요행이 있을까 해서 한 마디 던져 보았다.
　船着場에 當到하고 보니 豫想外로 큰 배가 한 台 碇泊하고 있

었다. 自動車를 數十台씩 싣고 다니는 큰 배였다. 코리안 타임 때
문에서가 아니라 그날따라 많은 車가 밀려들어 꾸역꾸역 밀어 싣
느라 배가 遲滯되고 있었던 것이다. 그 德分에 마지막으로 車를
싣고 甫吉島를 向해 떠날 수 있었다.

一. 多島海에서의 變故

　이윽고 배는 힘겨운 소리를 내면서 바다 위에 無數히 設置해
놓은 漁網場을 빠져나와 大洋을 달리기 시작했다.
　그런데 생각지도 못했던 怪異한 일이 벌어진 것이다. 奇想天外
한 일이다 하지 않을 수 없었지만 多島海에 대해서 知識이 없고
無知한 筆者의 愚行으로 웃지 못할 뜻밖의 失手와 喜劇이 벌어진

것이다.
　出發에 앞서 그 배는 分明히 甫吉島行이라고 했다. 얼마쯤 지
났는지 달리던 배가 서서히 어떤 섬에 대기에 여기가 필경 甫吉
島이려니 지레 짐작하고 筆者는 無心코 배에서 내렸던 것이다.
행여나 빠져나가는 自動車한테 妨害가 될세라 일찌감치 내려 멀

리 비껴 있었다.
　어찌 人家도 없고 멀리 보이는 山마저 나무 한 그루 없는 민둥
山으로 이다지도 삭막하냐 생각하면서 무엇인가 좀 異常하다 直

感되어 뒤돌아 보았다. 아뿔싸! 世上에 이 무슨 怪變이냐 말이다.

배는 車 한대를 내려놓고는 뒤돌아 바삐 떠나가고 있었던 것이

다.

世上에 이럴 수가------? 깜짝 놀라 당황한 나머지 황급히 팔을

크게 휘젓고 빨리 이리 오라고 불렀으나 웬걸 배는 馬耳東風인

채 코방귀도 뀌지 않고 떠나 버린다. 萬事休矣였다. 船員으로 짐

작되는 사람이 안 된다고 팔을 내젓고 있었기 때문이다.

젠장칠! 世上에 이런 災變이 다 있다는 말인가? 홀로 歎息해 보

았으나 아무런 所用이 없었다. 茫然自失인 채 쌓이는 근심걱정이

이만 저만이 아니었으나 어찌 해볼 道理가 없었다.

도대체 여기가 어디라는 말인가? 絶海의 孤島에 홀로 漂流된

것으로 錯覺되는 自身을 어찌할 수 없었다.

호랑이한테 물려가도 精神만 차리면 산다는데 우선 精神부터

차리고 보자! 도대체 여기가 어디이며 어떻게 해야 指向하는 甫

吉島를 찾아갈 수 있을 것인가? 그게 一次的으로 解決해야 할 急

先務의 課題가 아닐 수 없었다.

四圍를 둘러 살펴보니 한쪽은 茫茫한 바다요 反對쪽은 陸地라

고는 하나 허허벌판의 삭막한 곳이었다.

두리번거리며 사람을 찾고 있는데 마침 저만큼에서 걸음을 재

촉하는 사람이 보인다. 혹시 배하고 連絡하는 사람이 아닐까 싶

어 황급히 불러 세워 다가가서 事情을 말하고 救援을 請했다. 그
다지 걱정하지 않아도 된다고 우선 安心부터 시킨다.
　택시의 料金이 5000원인데 呼出하면 여기까지 온다는 것이다.
그 택시를 타고 가면 甫吉島까지 쉽게 갈 수 있다고 했다. 어쩌면
그 배보다 먼저 到着할 수도 있을 것이라는 것이다. 그러면서 핸
드폰을 꺼내 택시를 呼出해 주는 親切까지 베풀어 주었다.
　그는 自己집에 가서 아침食事를 함께 했으면 좋겠다는 好意를
베풀어 주었으나 "지금 食事가 다 무엇입니까? 제 精神이 아닌
판국인데------" 獨白을 웅얼거리며 그의 親切에 감사하고 헤어
졌다.

　한쪽은 바다인 허허벌판의 荒凉한 벌판에서 택시를 기다리는
동안 精神을 가다듬고 곰곰히 생각하니 泰山 같은 걱정이 이만저
만이 아니었다. 지극히 困惑스로운 일이 아닐 수 없었던 것이다.

　어찌 그러느냐 하면 친구는 예로 부터 "자네는 곰이야" 하면서
筆者를 미련한 곰으로 取扱하고 있었기 때문이다. 世上 萬物의
理致에 通達해 있다고 自負하는 내가 어찌 곰일 수 있겠는가 反
撥하고도 싶었지만 필경 무엇인가 곰처럼 미련하게 비치는 구석
이 있기에 곰이라고 하겠지 하는 생각에서 그다지 介意하지 않고
있었던 것이다.
　그런데 오늘 그의 先見之明이 그대로 的中되는 眞面目이 드러

났으니 걱정이 아닐 수 없었던 것이다.

오늘의 失策은 張本人도 理解가 되지 않는데 하물며 他人이 어떻게 理解할 수 있을 일이겠는가? 世上의 嘲笑거리가 아닐 수 없는 오늘의 이 愚直한 所行을 무어라고 辯明해야 할 것인지 난감한 일이 아닐 수 없었다. 필경 그는 이렇게 말할 것이다.

"자네는 역시 곰이야! 아무렴 곰은 곰다운 짓을 해야 제格이지!——. 그래 北極廣野를 어슬렁거리는 곰처럼 외로운 섬을 홀로 헤매던 境地가 어떻던가? 오늘 한 번 곰의 眞價를 發揮한 걸세." 窮地에 몰릴 옹색한 處地를 어떻게 변명하고 무안을 모면해야 할 것인지 참으로 난감한 일이 아닐 수 없었던 것이다.

覆水는 不返盆이다. 한 번 엎지러진 물을 되담을 수는 없을 일이다. 窮餘之策으로 "뜻이 있어 하늘이 시킨 일일 것이다" 하고 억지야 써 보겠지만 글쎄 터무니 없는 그런 억지가 通해서 納得되고 無事할 일인지는 모를 일이다.

무엄하게도 하늘을 팔아 自身이 저지른 어리석음을 合理化시키고 모면해서 突破하려 들다니 救濟받지 못할 爲人이군 하며 스스로 自責의 想念에 젖어 있는데 그 사이 택시가 다가오고 있었다.

車에 올라 물으니 甫吉島를 쉽게 갈 수 있다고 한다. 뜻이 있는 곳에 길이 있다고 目的地를 쉽게 갈 수 있다니 이 얼마나 多幸한 일인지 모르겠다. 휴------하고 우선 安堵의 한숨부터 절로 나온다.

甫吉島를 찾아 쉽게 갈 수 있다니 저윽이 安心이야 되지만 무엇보다도 여기가 도대체 어디일까가 몹시 궁금한 일이 아닐 수 없었다. 운전하는 기사분한테 공손하게 물으니 노화邑이라 한다. 어찌 섬이 아니고 邑일까 의아스러웠지만 人口가 많다는 뜻에서 섬이 아닌 邑을 強調하는 것 같았다. 그 만큼 人口가 많은 큰 섬이라는 뜻일 것이다.

노화가 무슨 뜻일까 해서 漢字로 어떻게 表記되느냐 물었더니 그는 손가락으로 虛空에다 대고 魯花라 그려 보였다. 무슨 뜻에서 그렇게 命名되었을까 잘 理解가 되지 않아 나중에 그런 말을 했더니 서울에서 온 教授께서 노나라-----魯字가 아니고 갈대-----蘆字가 아니겠느냐 하면서 訂正의 意思를 表示해 주었다. 듣고 보니 그게 合當한 이름인 것으로 보인다.

잠시 후 택시가 都市를 방불케 하는 建物들을 제치고 지나 곧장 선창가까지 데려가 주었다. 그 곳에는 自動車를 운반하는 것으로 보이는 허름한 배가 기다리고 있었는데 얼른 저 배에 올라 타라는 것이다. 사람의 渡船料金은 단돈 500원이었다.

배에 올라 이제는 萬事亨通이구나 安堵의 한숨은 내쉬면서 建物이 즐비한 對岸을 바라보니 노화邑에서 甫吉島까지는 不過

300m 程度밖에 되지 않을 아주 가까운 距離였다.

이렇게 쉬운 걸 그 동안 空然한 걱정으로 애를 태웠구나 싶었다. 좀 대범할 일이지 사람이 간뎅이가 적어 겁이 많은 것도 病이련가 생각되었다.

對岸인 甫吉島에 當到해서 보니 莞島에서 出發한 배는 아직까지 到着하지 않고 있었다. 멀리 안개를 헤치고 다가오는 배가 아련히 보이는데 아마도 그 배가 지금 들어오고 있는 모양이다.

먼저 到着해 있는 自身이 무슨 凱旋將軍이나 되는 양 意氣揚揚할 것까지야 없었지만 그래도 이제는 거칠 것이 없었다. 모로가도 서울만 가면 된다지 않았는가? 먼저 와있는 自身이 도리어 壯해 보였다.

이윽고 배가 부두에 닿자 陸地로 내려오면서 미리 와 있는 筆者를 본 친구는 의아해 하면서 저윽이 놀란 얼굴이었다. "이 친구가 하늘에서 떨어졌나? 땅에서 솟았나?" 생각했던 모양이다. 지극히 놀랄 일이 아닐 수 없었을 것이다.

"어떻게 왔는가?" 눈을 크게 뜨고 묻는 말에

"어떻게 오긴..... 날아 왔지!" 사실 날아오는 재주 이외 빨리 올 수 있는 方法이 있을 것 같지 않았을 것이다. 半信半疑인 것 같았으나 얼른 納得이 되지 않는 눈치였다.

나중에 前後 事情을 듣고 나서야 "원 世上에 어쩌면 그토록 미

련하고 멍청한 짓을 저지를 수 있단 말인가?" 좀 叱責 비슷한 말

로 責望한다. 이 사람이 어찌 "자네는 곰이야"하는 말을 꺼내지

않는 것일까 도리어 筆者가 궁금한 일이 아닐 수 없었다.

"뜻이 있어 하늘이 시켜서 한 일인 걸 낸들 어떻게 하겠는가?"

미리 準備한 말로 얼버무릴 수밖에 없었으나 궁색한 대답에 지나

지 않았다.

"구차한 변명이군……" 웃어 넘겼으나 친구는 홀로 떨어져 허우

적거리는 筆者를 얼핏 보았다는 것이다.

例의 곰소리가 이제나 나올까 저제나 나올까 坐不安席인 채 조

마조마 마음을 조아리고 있었는데 나의 體面을 생각해 주어서인

지 그는 끝내 곰소리는 입밖에 내지 않았다.

무안해 할까 봐 큰 德의 雅量을 베풀어 주는 거야 고마운 일이

지만 그러나 뱉고 싶은 말을 참느라고 얼마나 목구멍이 간지러울

까 해서 넌지시 그의 顔色을 살피니 참느라 애쓰는 氣色이 歷歷

했다.

一. 孤山이 머문 天下의 吉地

甫吉島는 무슨 뜻에서 붙여진 이름일까? 甫字는 아무씨 또는

크다는 뜻이외 여러 가지 다른 뜻을 갖고 있다. 우선 크게 두 가
지로 要約해서 解釋해 볼 수 있을 것이다.

五百年 가까이 前 孤山 尹善道가 "天下에 내가 머물 吉地이
다." 한 데서 甫吉島라 命名되지 않았을까 생각해 볼 수 있을 것
이다. 한편 섬 치고는 風光이 유달리 좋고 사람이 살기 넉넉한 큰
섬이다 하는 뜻에서 甫吉島로 이름이 붙여졌을 可能性도 排除될
수 없는 것이다.

그러나 이는 甫吉島에 대한 이렇다 할 該博한 知識을 갖고 있
지 않은 筆者의 一方的인 생각일 뿐 어떤 根據에서 甫吉島란 이
름이 붙여졌는지 그 由來는 모를 일이다.

서둘러 아침을 끝낸 뒤 우선 孤山 尹善道의 遺跡地부터 찾아
보았다. 五百年이라는 너무 오랜 歲月이 흘렀는지라 先人의 숨결
만 느낄 수 있었을 뿐 뚜렷한 形跡을 찾아볼 수 없었다.

그러나 이 곳을 찾으니 이 섬이 어째서 甫吉島란 이름이 붙여
졌는지 그 理由를 알 것만 같았다. 天下에 내가 머물 吉地이다. 말
한 孤山 尹善道의 말에 共感이 가면서 果然 그 말이 빈 말이 아님
을 理解할 수 있었기 때문이다.

名不虛傳이라더니만 이 곳이야말로 甫吉島라는 이름에 걸맞
는 땅으로 可히 陶淵明의 桃花源記에 나오는 武陵桃源이 바로 이

곳이 아닐까 생각되었던 것이다.

또 李太白의 詩인

問余 何事 棲碧山
笑而 不答 心自閑
桃花 流水 杳然去
別有 天地 非人間

"자네는 어찌해서 푸른 山 속에 깃들어 사는가 묻지만 그저 빙

그레 웃을 뿐 대답을 하지 않아도 마음은 절로 한가하다네. 흐르

는 물에 맡겨 떠내려가는 복사꽃이 아득히 멀어져 가는 이 風光

이야말로 神仙이 사는 別天地가 아니고 무엇이겠는가?"의 境地

가 바로 이곳의 秀麗한 風光이 아닐까 생각된 것이다.

우람한 山이 여러 겹으로 감싸고 있으며 밋밋하게 내려오면서

넓게 펼쳐진 아늑한 盆地가 南國의 樹木과 어우러져 可히 非人間

의 神仙이 노닐만 한 風光의 景致였기 때문이다. 크게 자리하고

있는 吉地임이 틀림 없었으며 甫吉島라 이름 붙인 先人의 智慧가

돋보여 그저 感歎이 있을 뿐이었다.

이곳은 自動車를 타고 그냥 횡하니 走馬看山格으로 지나칠 곳

이 아니었다. 배낭을 메고 徒步로 널리 探訪하고 구석구석을 涉

歷한다면 色다른 見聞을 넓힐 수 있을 뿐만 아니라 人格修養에

不足함이 없는 훌륭한 곳이라 생각되었다. 樹木일랑 自然의 風光

이 陸地와는 또다른 南國의 情趣를 물씬 풍기는 異色的인 面貌를
갖추고 있었기 때문이다.

　아쉬움을 남긴 채 一行은 車의 方向을 돌려 北쪽으로 뻗은 海
岸을 따라 달렸다. 이윽고 섬의 最北端인 海望이라 팻말이 設置
되어 있는 곳에 當到하게 된 것이다. 茫茫한 바다를 展望하는 곳
인 모양이다.
　一望無際의 시원한 바다가 내다보이는데 많은 사람들이 아득
한 水平線 위의 바다를 바라보고 있었다.
　觀光地라는 다소 들뜬 雰圍氣 탓에서인지 누군가 젊은 靑春男
女의 多情한 사이를 스스럼없이 비집고 들어가더니 "아가씨! 歌
手 아무개의 나이가 몇살쯤 되었는지 아시나요?" 하고 짓궂게 묻
는다. 아직도 풀리지 않은 어제의 수수께끼를 마저 풀어야겠다
생각되었던 모양이다.
　"저는 아가씨가 아닌데요." 否認하면서도 아가씨라는 禮遇가
그다지 싫지 않은 表情이다. 그는 相對方을 즐겁게 해줄 雅量에
서 그렇게 呼稱한 일이 分明했지만 意外라는 듯 자못 놀라 보이
는 능청을 떤다.
　"글쎄요. 五十代 後半쯤 되지 않았을까요....?"
　젊은 女子는 일찍 登場한 그 歌手의 나이를 굉장히 많은 것으

로 생각하고 있었던 모양이다. 그 女의 對答도 전혀 도움이 되지

못했다. 무슨 일이 이리 꼬이냐 하면서도 여기에서 그대로 물러

설 수 없다 생각되었던지 이번에는 四十代 後半쯤 되어보이는 中

年夫婦를 붙잡고 늘어진다.

그들도 자세히 모르는지 눈을 깜박거리더니 "내가 몇살 때 그

女가 노래를 불렀으니까 적어도 五十代 前半쯤 되지 않았을까

요?" 한다. 衆口難防이라더니 사람마다 各己 意見이 달라 百聞이

모두 도움이 되지 않는 虛事였다. 確信이 서지 않아 結論을 맺을

수가 없었던 것이다.

할 수 없이 車에 올라 되돌아오는데 운전을 맡아 하던 젊은 교

수께서 正確한 解答을 맺어 준다. 그 歌手의 나이는 原籍上으로

47세라는 것이다. 어떻게 알아냈느냐 물으니 衆口難防인 이 民族

의 將來가 저윽이 걱정된다는데 그냥 坐視할 수 없어 멀리 電話

를 걸어서 確認했다는 것이다.

그러면서 덧붙여 말하기를 原籍上의 나이는 分明히 47세가 틀

림없지만 人氣人의 俗性上 五十세는 훌쩍 넘지 않았겠느냐 하더

라는 것이다. 流言蜚語가 이만저만이 아닌 일이다. 張本人이 들

었으면 얼마나 서운해 할까 싶다.

原籍上의 나이면 足한 일이지 人氣人의 나이가 무슨 늘어났다

줄었다 하는 고무줄이기에 自己의 空虛한 推測까지 보태서 註釋

을 단다는 말인가 했지만 그 問題는 그로써 一段落되었다.

車를 南쪽으로 돌려 어느 바닷가에 다다랐다. 그 海岸에는 보통 생각하기 어려운 珍風景이 펼쳐지고 있었다. 神奇한 光景이 아닐 수 없었던 것이다. 數百m에 걸친 바닷가에 白沙場의 모래는 없고 오직 까만 조약돌만 가득하게 뒤덮여 있었기 때문이다. 참으로 自然의 神秘가 아닐 수 없었다.

잠시동안 그 까만 조약돌의 바닷가에 앉아서 홀로 冥想에 잠겨 있는데 波濤에 밀려 움직이는 조약돌 소리가 사그락거리며 妙한 餘韻을 남기면서 들려온다. 어느 곳에서도 들어보지 못한 自然의 奇妙한 소리가 아닐 수 없었다.

사그락거리는 소리는 예나 지금이나 變함 없는 똑같은 소리로 이어져 왔을 것이다. 億劫의 소리가 아닐 수 없을 것이다. 나는 지금 億劫의 오묘한 소리를 듣고 있지만 사그락거리는 絶妙한 소리는 검은 조약돌이 다른 돌보다 가벼워서 물에 뜨며 내는 소리일 것이다.

歸路는 甫吉島에서 土末里로 떠나는 배가 붐벼서 노화邑으로 건너 三陽津이라는 나루로 오니 그곳에서는 定期船外 대단히 큰 豫備船까지 準備하고 있어서 그 豫備船으로 땅끝마을이라는 土末里까지 쉽게 돌아올 수 있었다.

大東方國의 挫折

●

지은이/ 蔡璉錫
펴낸이/김재엽
펴낸곳/ **한누리미디어**

●

100-192, 서울시 중구 을지로 2가 148-73
신화빌딩 401호
전화/(02) 2278-4513, 2268-4514
팩스/(02) 2268-4524

●

등록 제16-467호(1993. 11. 4)

●

초판발행일/2001년 8월 30일

●

ⓒ 2001 채연석 Printed in KOREA

●

값 10,000원

●

E-mail/hannury2001@yahoo.co.kr

●

※잘못 된 책은 바꿔 드립니다.
※저자와의 협약으로 인지는 생략합니다.

●

ISBN 89-7969-189-0 03910